Dennis Dahlenburg · Andreas Gall
Hrsg.: Aviation Media & IT GmbH

Fluglotsen-Assessment 2017

Handbuch zu den Einstellungstests europäischer Flugsicherungen

SkyTest®

SkyTest® Fluglotsen-Assessment 2017

Autoren:	Dennis Dahlenburg, Dipl.-Wirtschaftsjurist
	Andreas Gall, Dipl.-Wirtschaftsinformatiker
Herausgeber:	Aviation Media & IT GmbH
	Henkestraße 78
	91052 Erlangen
	Deutschland
Herstellung und Verlag:	BoD - Books on Demand, Norderstedt
Kontakt:	Aviation Media & IT GmbH
	Fluglotsen-Assessment 2017
	Henkestraße 78
	91052 Erlangen
	Deutschland
Internet:	http://www.skytest.de
	http://www.fluglotse.com
E-Mail:	office@skytest.de

© Aviation Media & IT GmbH, Erlangen, November 2016

ISBN 9783848251278

Vorwort

SkyTest® *Fluglotsen-Assessment 2017* ist Ihr Handbuch zur Vorbereitung auf die Einstellungstests europäischer Flugsicherungen. Neben einer Karriere als Verkehrspilot gilt die Laufbahn am Boden, als Fluglotse, als der häufigste Wunschberuf innerhalb der Luftfahrt – zu Recht: die Arbeit im Tower, bei der Anflugkontrolle (Approach) oder bei der Sektorenaufsicht (Center) ist verantwortungsvoll, abwechslungsreich und angesehen. Ein relativ hohes Vergütungsniveau gepaart mit hervorragenden Sozialleistungen machen Flugsicherungen zu begehrten Arbeitgebern. Zudem zeigt sich der Arbeitsmarkt für Fluglotsen weit weniger anfällig für konjunkturelle Schwankungen als jener für Piloten. Die verbreitet staatlichen Träger oder Eigner der Flugsicherungen garantieren Arbeitsplatzsicherheit.

Bereits die Ausbildung zum Fluglotsen ist mit einem ausgeprägten Anteil von *Training-on-the-Job*, das bereits nach 1,5 Jahren Theorieunterricht beginnt, sehr praxisnah. Entsprechend viele Bewerbungen gehen bei den Flugsicherungen ein. Dennoch werden die Organisationen von Nachwuchssorgen geplagt – Fluglotsen sind ein knappes Gut. Dies ist zum Teil selbst verschuldet: in den Jahren nach dem 11. September 2001 planten viele Flugsicherungen erheblich zu konservativ und bildeten zu wenig Nachwuchs aus. Entsprechend gibt es für das aktuelle Verkehrsaufkommen in Europa gegenwärtig eigentlich zu wenige Fluglotsen.

Bei der DFS Deutsche Flugsicherung dirigieren 2.000 Fluglotsen täglich 10.000 Flüge sicher und effizient durch den Luftraum. Auf Nachwuchssorgen reagierte die DFS mit einer Ausbildungsoffensive. Um die Plätze bewerben sich jährlich mehr als 4.000 Kandidaten. Nur ein kleiner Teil dieser Bewerber nimmt letztlich die Hürde des Auswahlverfahrens und erhält einen der begehrten Ausbildungsplätze bei der Deutschen Flugsicherung. Im Jahr 2014 lud die DFS 392

Bewerber ins Auswahlverfahren, nur für zehn konnte am Ende eine uneingeschränkte Ausbildungsempfehlung ausgesprochen werden. Daher lohnt es sich, auch bei anderen Flugsicherungen anzuklopfen und einen Eignungstest zu machen.

Ein ausgeprägtes räumliches Vorstellungsvermögen, Stress- aber auch Monotonieresistenz, Teamfähigkeit, Kommunikationsvermögen, eine hohe Gedächtnisleistung, Konzentrationsfähigkeit und überdurchschnittliche Leistungen in Englisch, Mathematik und Physik bilden die Eckpunkte des klassischen Anforderungsprofils für den Beruf des Fluglotsen. Entsprechend stellen die Auswahlverfahren vor allem auf diese für Fluglotsen unerlässlichen Kompetenzen ab.

SkyTest® Fluglotsen-Assessment 2017 stellt Ihnen die Abläufe, Tests und Methodiken der Eignungsuntersuchungen europäischer Flugsicherungen vor. Im Buch werden die Verfahren der DFS, der Schweizer Flugsicherung Skyguide, der österreichischen Austro Control und des länderübergreifend verwendeten *First European Air Traffic Controller Selection Test (FEAST)* im Detail beleuchtet. Ebenso wirft das Buch einen Blick auf das Auswahlverfahren für militärische Fluglotsen im Offiziersdienst der Bundeswehr. Der Schwerpunkt liegt auf den softwarebasierten Eignungstests der frühen Verfahrensstufen. Die Ausführungen sollen Ihnen dabei helfen, die mit den Tests verbundenen Ziele einzuordnen. Mit diesem Verständnis können Sie nicht nur Ihre Vorbereitung besser strukturieren, sondern werden sich auch im Auswahlverfahren sicherer fühlen. In einem ergänzenden Kapitel gibt Ihnen *SkyTest® Fluglotsen-Assessment 2017* einen Überblick über grundlegende mathematische und physikalische Formeln und Zusammenhänge, die Sie in jedem fliegerischen Auswahlverfahren beherrschen müssen.

Die Autoren dieses Buchs verfügen über 15 Jahre Erfahrung in den Bereichen Ausbildung und Recruitment innerhalb der Verkehrsluftfahrt. Als Bewerber finden Sie in *SkyTest® Fluglotsen-*

Assessment 2017 eine verlässlich recherchierte und aktuelle Informationsquelle für Fragen zu Ihrem Auswahlverfahren.

Inhalt

1 Fluglotse – Der Traumberuf

Zu jedem beliebigen Zeitpunkt befinden sich etwa 550.000 Menschen weltweit an Bord eines Verkehrsflugzeugs. Ihre Sicherheit hängt maßgeblich von der Arbeit der Fluglotsen am Boden ab. In wenigen anderen Berufen werden Sie mehr unmittelbare Verantwortung für andere übernehmen als in dem des Fluglotsen.

Allein in Europa fallen jeden Tag etwa 25.000 Flugbewegungen an, unter denen es zu keinen Konflikten kommen darf. Als Fluglotse koordinieren Sie entweder den ein- und ausgehenden Verkehr an einem Flughafen oder überwachen von einem Center aus die Flugbewegungen in einem Ihnen zugewiesenen Kontrollsektor.

Im Tower eines Flughafens ordnen die Fluglotsen den rollenden Verkehr am Boden, erteilen Startfreigaben, überwachen den Luftraum um den Airport und weisen ankommende Flugzeuge ein. Die eigentliche Luftraumkontrolle erfolgt demgegenüber in einem Sektorensystem. Europaweit gibt es etwa 50 Luftverkehrskontrollzentren und rund 650 einzelne Kontrollsektoren. Während je Sektor ein *Radarlotse* die Flugbewegungen am Schirm überwacht und den Kontakt zu den Flugzeugen hält, plant ein *Koordinationslotse* die Übergabe des Verkehrs an den Sektorgrenzen. Der Koordinationslotse entwickelt zudem ein Gesamtverkehrsbild und gleicht dieses mit den Freigaben der Radarlotsen ab (4-Augen-Prinzip). Die wichtigste Aufgabe der Lotsen im Center besteht darin, den nach Instrumentenflugregeln durchgeführten Flugverkehr in sicheren vertikalen und horizontalen Abständen zu separieren.

Das zunehmende Verkehrsaufkommen am Himmel über Europa stellte die Flugsicherungen in den 1990er Jahren vor große Herausforderungen. Die Fluglotsen mussten nicht nur mehr Flugbewegungen an den Flughäfen, sondern auch erheblich mehr *Enroute*-Verkehr betreuen, was die bestehenden ATC-Systeme an ihre Kapazitätsgrenzen brachte. Dies bereitete den Boden für einen Paradigmenwechsel in der Organisation der Luftverkehrskontrolle, innerhalb dessen sich ein Übergang ausschließlich verbaler Air-Ground-Kommunikation hin zu einem vermehrten Einsatz von Datenübertragungssystemen vollzog. Die klassische Rollenverteilung zwischen Piloten und Fluglotsen blieb dabei erhalten. Die Piloten haben weiterhin primär die Verantwortung für ihr Flugzeug und die Sicherheit der Menschen an Bord. Ihnen obliegt die praktische Durchführung des Flugs, insbesondere das korrekte Abfliegen des zugewiesenen Luftkorridors und der Umgang mit ungeplanten Ereignissen (sog. *Non-Standards*, z.B. im Falle eines technischen Defekts am Fluggerät). Die Fluglotsen übernehmen die strategische Planung und Kontrolle des Luftverkehrs.

In der Kommunikation zwischen Piloten und Fluglotsen setzen Airlines und Flugsicherung heute aber vermehrt auf neue Mensch-Maschine-Schnittstellen wie *Datalink*. Wesentliche Teile standardisierter Kommunikation werden inzwischen über diese Systeme abgewickelt und haben den klassischen Sprechfunkverkehr dort abgelöst oder ergänzt. Der Trend zeigt klar in Richtung einer weiter voranschreitenden Automatisierung der Luftraumkontrolle und ihre Verknüpfung mit weiteren Assistenzsystemen. So können Standards wie ein *request-start-up* oder ein *request-taxi* bereits heute ohne Sprechfunk über Datalink abgewickelt werden. Verfügen Flugzeug und Flughafen über die entsprechende Technik, erhalten Piloten mit dem Datenaustausch weitere Informationen – beispielsweise in Form einer Visualisierung ihres per Datalink zugewiesenen Rollwegs zum

Start. Ebenso können die Piloten über die Schnittstelle ein direkteres Routing oder eine Höhenänderung anfragen und die entsprechende Freigabe erhalten.

Die klassische Funkkommunikation zwischen Fluglotsen und Piloten wird aber auch mit fortschreitender Automatisierung der Luftraumkontrolle erhalten bleiben. In kritischen Flugphasen, wie Start und Landung, ist es wichtig, dass die Piloten auf offenen Frequenzen alle Anweisungen an den Verkehr mithören, um gegebenenfalls selbst auf Fehler der Flugsicherung aufmerksam zu werden.

Die Technologien und Verfahren der Luftraumkontrolle steuern auf eine internationale Harmonisierung zu. In Europa wird im Programm *Single European Sky ATM Research (SESAR)* von Politik und Industrie eine Standardisierung der Systeme intensiv vorangetrieben. Eine enge Abstimmung mit dem vergleichbaren *NextGen*-Programm der Vereinigten Staaten soll transatlantische Kompatibilität herstellen. Das Ziel für Europa ist die Verdreifachung der Luftraumkapazität bei einer Reduzierung der Emissionen um zehn Prozent. Die Kosten der Luftraumüberwachung sollen pro Flug von derzeit etwa 800 Euro auf 400 Euro sinken. Neue ATM-Technologien werden auf dem Weg dahin ihren Teil beitragen.

Von größerer Bedeutung ist aber die Aufhebung hoheitsrechtlicher Vorbehalte, die lange eine effektivere Nutzung des Himmels behinderten. Die Sektoren des Luftraums über Europa spiegelten bislang im Wesentlichen die Landesgrenzen wider. Das im Jahr 1999 angestoßene Programm *Single European Sky (SES)* sieht nunmehr eine Neuordnung der Kontrollbereiche vor: Im SES ist die historisch gewachsene Aufteilung des Luftraums vollständig aufgehoben und durch neun sogenannte *Funktionale Luftraumblöcke (functional airspace blocks, FAB)* ersetzt. Die FABs werden dabei an den Hauptverkehrsströmen durch Europa ausgerichtet.

3

- BALTIC FAB: Polen, Litauen
- BLUE MED: Griechenland, Italien Zypern, Malta (später ggf. Nordafrika)
- DANUBE: Bulgarien, Rumänien
- FABCE / FAB Central Europe: Österreich, Ungarn, Tschechien, Bosnien-Herzegowina, Kroatien, Slowakei, Slowenien
- FABEC / FAB Europe Central: Deutschland, Frankreich, Schweiz, Luxemburg, Niederlande, Belgien
- NEFAB / North European FAB: Schweden, Dänemark, Finnland, Norwegen, Island, Estland, Lettland
- NUAC / Nordic Upper Airspace Centre: Dänemark, Schweden
- SW FAB / South-West FAB: Portugal, Spanien
- UK- IRELAND FAB: Großbritannien, Irland

Schrittweise wird die Defragmentierung des europäischen Himmels Realität. Der FABEC, einer der komplexesten und am intensivsten genutzten Lufträume der Welt, wurde im Jahr 2012 nach einer vierjährigen Vorbereitungsphase vom deutschen Bundestag ratifiziert. Gegenwärtig werden im 1,7 Millionen Quadratkilometer großen FABEC jährlich etwa 6,0 Millionen Flüge gezählt – das ist mehr als die Hälfte des europäischen Aufkommens. Bis 2018 wird der Verkehr im FABEC voraussichtlich nochmals um 2,0 Millionen Flugbewegungen zunehmen. Da dieses zusätzliche Verkehrsaufkommen von den alten Strukturen nicht unterstützt werden kann, ist die Umsetzung des SES inzwischen überfällig.

Allerdings bremste an vielen Stellen nicht politischer Unwille den SES und SESAR aus, sondern eher eine Tendenz zur Besitzstandswahrung unter den Flugsicherungen. Insbesondere in Südeuropa galt es, Skepsis und Vorbehalte der Lotsen gegen ihre Rolle im SES abzubauen. Dabei verspricht der SES Fluglotsen auch neue Karriereperspektiven. War ein Arbeitsplatzwechsel zwischen zwei europäischen Flugsicherung früher mit vielen Hindernissen verbunden, soll er in Zukunft einfacher werden. Denn schon auf Ebene der Ausbildung und sogar der Auswahlverfahren, dem Thema dieses

Buchs, wird es weiter zu einer Harmonisierung der Standards inner-halb Europas kommen.

Aus nachvollziehbaren Gründen arbeiten Flugsicherungen in ih-ren Kontrollbereichen in einer staatlich garantierten Monopolstellung – schließlich wäre es wenig praktikabel, wenn mehrere Flugsiche-rungen zeitgleich die Aufsicht über einen Sektor hätten. In den fol-genden Kapiteln stellen wir Ihnen die Anforderungen und Auswahl-verfahren der großen europäischen Flugsicherungsorganisationen vor. Viele dieser Unternehmen setzen inzwischen den von *EURO-CONTROL* entwickelten *First Air Traffic Controller Selection Test (FEAST)* für ihre Bewerberauswahl ein oder haben ihn zumindest in ihre Eignungstestverfahren integriert. Auch dies unterstreicht, wie sich Europa in Richtung einheitlicher Strukturen für die Kontrolle seiner Lufträume bewegt.

Die meisten Fluglotsenanwärter streben eine Laufbahn bei der großen Flugsicherung ihres Landes an, die auch die Kontrollbefugnis an den jeweiligen internationalen Flughäfen inne hat. Allerdings gibt es auch die alternative Möglichkeit, sich als Regionalfluglotse für den Einsatz an kleineren und mittleren Flughäfen ausbilden zu lassen. In Deutschland ist man in diesem Fall nicht bei der DFS Deutsche Flugsicherung angestellt, sondern direkt bei einem Flughafen oder einem privaten Anbieter für regionale Flugsicherheitsdienste.

Die Aufgaben eines Lotsen an einem kleineren Flughafen sind nicht minder anspruchsvoll und daher gelten für sie im Wesentlichen die gleichen Grundvoraussetzungen wie für DFS-Fluglotsen. Aller-dings haben kleinere Airports etwas flexiblere Auswahlstandards und legen im Gegensatz zur DFS in den meisten Fällen keine Alters-höchstgrenze für den Beginn einer Ausbildung fest. Die Ausbildung zum Regionallotsen wird in Deutschland nicht von der DFS getragen, sondern unterteilt sich in einen Theorieteil (oft in Prag durchgeführt) und einen praktischen Lehrgang am Flughafen von Mannheim. Die so erworbene Regionallotsenlizenz ist später überregional gültig. Sie können Ihren Arbeitsflughafen also auch einmal wechseln. Bewerber für eine Ausbildung zum Regionalfluglotsen müssen in einem fliegerischen Auswahlverfahren den FEAST bestehen.

2 Grundanforderungen an Bewerber

Für die Zulassung zu einer Fluglotsenausbildung müssen Sie qualifikatorische aber auch medizinische und fähigkeits- beziehungsweise leistungsbezogene Grundanforderungen erfüllen.

In Hinblick auf die *qualifikatorischen Grundanforderungen* sind vor allem die *Hochschulreife* und sehr gute *Englischkenntnisse* zu nennen. Ihre Schulzeit sollte zudem noch nicht allzu lange zurückliegen – die meisten Flugsicherungen haben in ihren Ausbildungsprogrammen Altersgrenzen. So lässt die DFS Deutsche Flugsicherung beispielsweise nur Bewerber bis 24 Jahre zur Ausbildung zu.

Die *medizinischen Grundanforderungen* spiegeln sich in einer fliegerärztlichen Untersuchung wider, die Teil jedes Auswahlverfahrens für Fluglotsen ist. Der flugmedizinische Check, auch *Medical* genannt, ist sehr umfangreich. Fluglotsenanwärter benötigen das europäische flugmedizinische Tauglichkeitszeugnis nach *EMCR(ATC)*. Dieses Medical beinhaltet unter anderem eine Untersuchung des Herz-Kreislaufsystems, die Feststellung der Sehkraft und des Hörvermögens sowie eine Überprüfung auf psychiatrische Tauglichkeitskriterien (beispielsweise der Ausschluss von Suchtkrankheiten).

Der größte Anteil der Auswahlverfahren für Fluglotsen entfällt aber auf die Abklärung der berufsspezifischen *fähigkeits- und leistungsbezogenen Grundanforderungen.* Kognitive und operationelle Fähigkeitsprofile werden inzwischen bei allen europäischen Flugsicherungen über computer- beziehungsweise apparategestützte Tests erstellt. Dieses Vorgehen verspricht eine objektive und aussagekräftige Beurteilung der Bewerber. Der Einsatz standardisierter, leistungspsychologisch valider Testverfahren garantiert zudem, dass nur ein Bruchteil der positiv beschiedenen Teilnehmer in der anschließenden Ausbildung oder im Beruf scheitert. In den Auswahluntersuchungen werden die folgenden fähigkeits- und leistungsbezogenen Grundanforderungen festgestellt:

Entscheidungs- und Kommunikationskompetenz

Egal ob Sie später im Tower, der Anflugkontrolle oder Sektoraufsicht arbeiten – Entscheidungs- und Kommunikationskompetenz sind das Handwerkszeug jedes Fluglotsen. Zögerliches Entscheidungsverhalten und fehlerhafte Air-Ground-Kommunikation sind häufige Ursachen für Zwischenfälle im Luftraum und an Flughäfen. Standardisierte Abläufe und eine ebenso standardisierte Kommunikation sollen Missverständnisse zwischen Piloten und Fluglotsen vorbeugen. In kritischen Situationen, den bereits erwähnten *Non-Standards*, liegt es hingegen vor allem am Lotsen, Handlungsalternativen schnell und sicher abzuwägen und seine Entscheidung an die Piloten zu kommunizieren.

An verkehrsintensiven Flughäfen müssen Lotsen zeitgleich mit vielen Flugzeugen kommunizieren und für jede Maschine Entscheidungen treffen. Solange alle Flüge die vorgeplanten Abläufe am Boden und in der Luft einhalten, können die Fluglotsen im Tower und Approach auch *Traffic Peaks* problemlos abwickeln. Schon die kleinste Störung wird diesen orchestrierten Hubverkehr aber gehörig aus dem Takt bringen. Sich unvermittelt ändernde Windverhältnisse, ein Schwarm Vögel oder die Crew einer Boeing 747, die sich aufgrund mangelnder Orts- und Englischkenntisse ihren eigenen Anflug sucht – jeden dieser und viele anderer Fälle muss ein Fluglotse mit seinen Entscheidungen und seiner Kommunikation zu entschärfen wissen.

Teamfähigkeit

Auch Teamfähigkeit ist für Fluglotsen kein *Soft Skill*, sondern eine Schlüsselqualifikation. Sie bilden schließlich nicht nur ein Team mit ihren unmittelbaren Kollegen – auch mit den Piloten gehen Sie jeden Tag aufs Neue einen intensiven Arbeitsverbund ein. Selbst kleinste Teams – beispielsweise ein Radar- und ein Koordinationslotse – tragen im System der Flugsicherung eine derart hohe Verantwortung, dass jedes Problem in ihrer Zusammenarbeit schnell zu einem Sicherheitsproblem wird.

Die Piloten erhalten von den Fluglotsen Freigaben, Anweisungen und Informationen. Die hohe, persönliche Verantwortung der Fluglotsen für die Sicherheit des Luftverkehrs verleiht ihnen Weisungsbefugnisse gegenüber Piloten. Dennoch werden Entscheidungen, soweit sinnvoll und möglich, zwischen Boden und Luft in gegenseitiger Abstimmung getroffen. Auch dies geht leichter, wenn sich alle Beteiligten als zusammenwirkendes Team verstehen.

Ausgeprägtes räumliches Vorstellungsvermögen

Fluglotsen müssen sich sowohl in der Fläche als auch im dreidimensionalen Raum jederzeit sicher orientieren. Die gedankliche Umrechnung abstrakter Informationen vom Radarschirm in ein konkretes Situationsbild darf auch Berufsanfängern keine Schwierigkeiten bereiten. Sie müssen sich stets in die aktuelle Verkehrssituation versetzen können, um richtige Entscheidungen und Priorisierungen zu treffen. Ein ausgeprägtes räumliches Vorstellungsvermögen ist eine wesentliche Dimension *Situativer Aufmerksamkeit*, also dem für Fluglotsen (und Piloten) unerlässlichen Verständnis aktueller räumlicher und zeitlicher Gegebenheiten.

Konzentrationsvermögen und Mehrfacharbeit

Die Aufgaben der Luftraumkontrolle sind vielfältig. Ausnahmslos alle erfordern aber höchste Konzentration der Fluglotsen. Jede Unaufmerksamkeit kann zu einer Katastrophe führen. Fluglotsen müssen sich auch in Phasen hohen Arbeitsaufkommens als belastbar erweisen und eine hohe Stresstoleranz mit in den Beruf bringen. Die zeitgleiche Bearbeitung mehrerer Aufgaben ist im Arbeitsalltag eines Lotsen nicht die Ausnahme, sondern eher die Regel. Multitasking ist daher Teil ihres Tätigkeits- und somit auch Qualifikationsprofils.

Ebenso wichtig wie eine hohe Stresstoleranz ist Monotonieresistenz. Aufmerksamkeit und Leistung eines Fluglotsen dürfen auch bei Unterbeanspruchung, beispielsweise im Nachtdienst an einem Regionalflughafen, nicht abnehmen.

Überdurchschnittliche Gedächtnisleistung

Als Fluglotse nehmen Sie in aller Regel keine Arbeit mit nach Hause und es bleiben abends auch keine unbearbeiteten Aufgaben für den nächsten Tag auf Ihrem Schreibtisch liegen. Das ist ein großer Vorteil dieses Berufs. Die Arbeit eines Lotsen ist immer gegenwärtig und unmittelbar, erfordert aber dennoch eine hohe Gedächtnisleistung. Sie müssen nicht nur das vollständige aktuelle Verkehrsbild ihres Kontrollbereichs gedanklich visualisieren, sondern es auch vorausplanen. Alle Informationen, die Sie in den vorausgehenden Minuten gesammelt und erhalten haben, fließen in Ihre Entscheidungsfindung ein. Keine Anweisung, keine Anfrage, keine

Kommunikation darf vergessen werden. In den Auswahlverfahren wird daher besonders das Kurzzeitgedächtnis der Bewerber ausführlich getestet.

Zuverlässigkeit und Verantwortungsbewusstsein

Anders als in Unternehmen vergleichbarer Größe sind die Hierarchien in Flugsicherungen eher flach. Zwar arbeiten Fluglotsen innerhalb eines regulierten Systems und nach vorgegebenen Dienstplänen; direkte Einflussnahme durch Vorgesetzte ist aber selten. Bei der Auswahl von Fluglotsenanwärtern wird daher von Beginn an besonderer Wert auf die Zuverlässigkeit und das Verantwortungsbewusstsein der Bewerber gelegt. Letztlich ist dies aber fast schon selbstverständlich – schließlich soll später jeder Fluglotse täglich die Verantwortung für die Sicherheit mehrerer tausend Fluggäste tragen.

3 DFS Deutsche Flugsicherung

Das Auswahlverfahren der DFS Deutsche Flugsicherung wird vom *Institut für Luft- und Raumfahrtpsychologie am Deutschen Zentrum für Luft- und Raumfahrt (DLR)* in Hamburg durchgeführt. Die Bewerbung um eine Ausbildung im Ab Initio-Programm der DFS setzt das Abitur voraus. Gegenwärtig liegt das Höchstalter zum Zeitpunkt der Bewerbung bei 24 Jahren. Das Testverfahren für Fluglotsenanwärter ist speziell auf die Ermittlung des individuellen Eignungsgrads für die Ausbildung und spätere Tätigkeit abgestimmt und unterscheidet sich in Inhalt und Aufbau vom Auswahlverfahren für Piloten, wenngleich das DLR zum Teil auf Testmodule aus seinem Screening für Verkehrspiloten zurückgreift.

Der Eignungstest des DLR für Fluglotsen folgt einem mehrdimensionalen diagnostischen Ansatz. Untersucht werden die Fähigkeiten der Bewerber in Hinblick auf die Eignungskriterien *Merkfähigkeit, Konzentrationsvermögen und Aufmerksamkeit, Räumliches Vorstellungsvermögen* sowie *Psychomotorik und Mehrfacharbeit.* Jeder dieser Bereiche ist zugleich eine Einflussgröße auf die *Situative Aufmerksamkeit* (engl. Situational Awareness) eines Fluglotsen, denn unter *Situativer Aufmerksamkeit* versteht man nichts anderes als das Zusammenspiel von *Auffassungsgabe* (engl. Perception), *Problemverständnis* (engl. Comprehension), *räumlicher Orientierung* (engl. *Spatial Orientation*) sowie *vorausschauendem Denken und Handeln* (engl. Projection).

In das bei Fluglotsen stark gewichtete Untersuchungsfeld der Auffassungsgabe fallen Aufbauten, die auf das richtige Erkennen einer Situation abstellen. Merkfähigkeitstests, Szenarien der Mehrfacharbeit und monotone oder stressorientierte Konzentrationstests sind in diesem Zusammenhang oft gewählte Ansätze. Der Verarbeitung situativer Erkenntnisse widmen sich die Testkategorien Problemverständnis und vorausschauendes Denken und Handeln. Diese Untersuchungsdimensionen finden in Form integrierter Reaktionstests, in denen neben der Richtigkeit der Eingaben auch die Entscheidungsfähigkeit der Bewerber festgestellt wird, Eingang in das DLR-Auswahlverfahren für Fluglotsen. Eignungsbezogene Persönlichkeitstests und eine Abklärung von Grundkompetenzen (z.B. der Beherrschung der englischen Sprache) runden die Eignungsuntersuchung ab.

Im Mittelpunkt des DLR-Auswahlverfahrens für Fluglotsen stehen zwei Abschnitte – die *Vorauswahl* und die *Block8-Tests*.

3.1 Die Vorauswahl

In der *Vorauswahl* (*VA*) findet die grundsätzliche Potenzialabklärung für die Ausbildung zum Fluglotsen statt. Verteilt über zwei Tage werden ein Persönlichkeitstest in Form eines psychologischen Fragebogens und ein Test zum englischen Sprachverständnis durchgeführt, vor allem aber die kognitiven und psychomotorischen Fähigkeiten der Teilnehmer mit Hilfe computergestützter Leistungstests untersucht. Die Tests sind zum Teil den DLR-Auswahlverfahren für Verkehrsflugzeugführer entliehen, schließen aber auch spezifische Aufbauten für Fluglotsen ein.

3.1.1 Allgemeine Leistungstests

Der erste Tag der Vorauswahl ist für allgemeine Leistungstests reserviert, mit denen die Ausprägung kognitiver und psychomotorischer Fähigkeiten untersucht wird. Ziel dieser Tests ist es, die natürlichen Anlagen eines Bewerbers in den Bereichen Merkfähigkeit, Mehrfacharbeit, Konzentrationsvermögen, Aufmerksamkeit und räumliches Vorstellungsvermögen zu ermitteln. Die Tests finden seit 2014 in englischer Sprache statt.

Akustischer Merkfähigkeitstest

Der *Akustische Merkfähigkeitstest* prüft Aufnahmefähigkeit und Kurzzeitgedächtnis der Teilnehmer. Über Kopfhörer wird zunächst ein Buchstabenblock bestehend aus drei Sequenzen zu je zwei Buchstaben vorgelesen. Ihm folgen vier Vergleichsblöcke gleichen Aufbaus, jedoch mit zum Teil geringfügig vom Referenzblock abweichenden Buchstabenkombinationen.

Über ein Eingabefeld am Bildschirm müssen Sie bestimmen, welche Buchstabengruppen in den einzelnen Blöcken nicht identisch mit den jeweiligen Referenzgruppen sind.

✎ Beispiel:

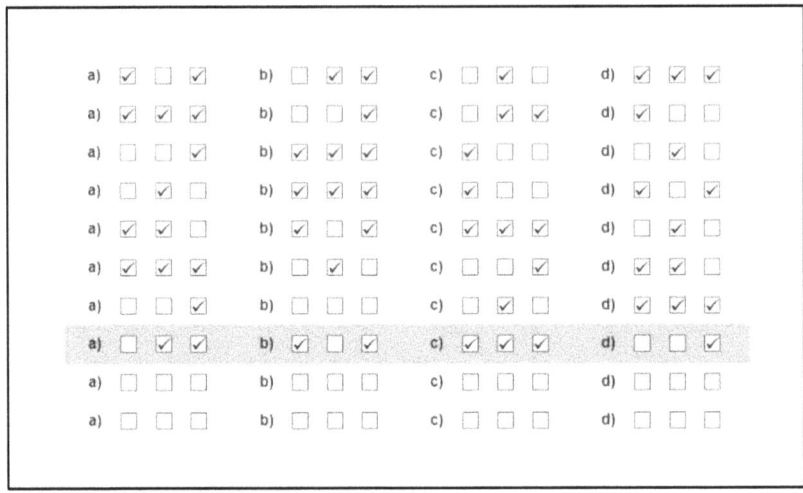

Trainingsmodul für den Akustischen Merkfähigkeitstest in der SkyTest® Software: In der ersten Zeile werden die im genannten Beispiel erforderlichen Eingaben dargestellt.

Der Buchstabenblock „MX-GH-BN" wird Ihnen als Referenz genannt. Anschließend werden die Kombinationen

„MX-GJ-BN"   „NX-GH-BN"   „BN-GH-MX"   „MX-GH-BN"

vorgelesen. Im ersten Block ist die mittlere Gruppe falsch, da hier statt einem "H" ein "J" steht. Im zweiten Block ist in der ersten Gruppe statt einem „M" ein „N" enthalten. Im dritten Block ist die erste Buchstabengruppe mit der letzten vertauscht. Im vierten Block entsprechen hingegen alle Gruppen wieder der anfangs gegebenen Referenzgruppe.

Visueller Merkfähigkeitstest

Der *Visuelle Merkfähigkeitstest* prüft die Aufnahme- und Assoziationsfähigkeit der Teilnehmer. In einem ersten Aufbau werden acht Buchstabenpaar-Zahl- und Symbol-Zahl-Kombinationen als Ausgangsmenge gegeben, welche Sie sich einprägen müssen. Anschließend werden jeweils zwei Kombinationen abgefragt. Sie müssen die einem Buchstabenpaar oder einem Symbol zugeordnete Zahl aus einer Auswahl bestimmen. Zugleich werden Ihnen zwei neue Kombinationen vorgestellt.

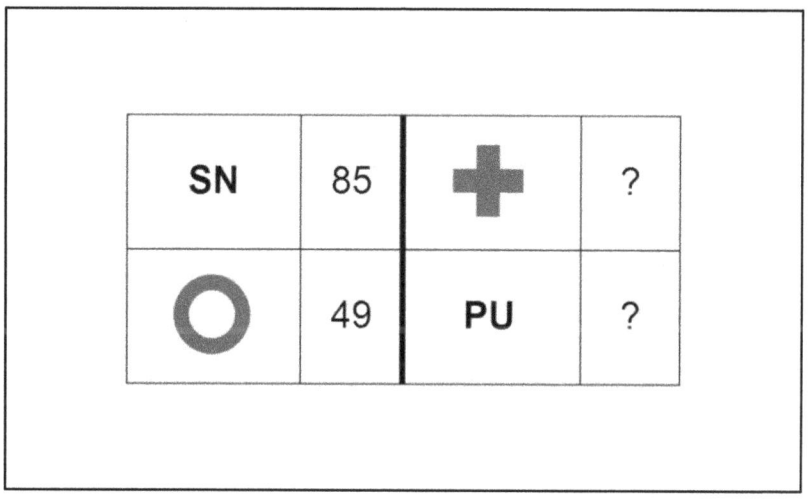

**Screenshot des Visuellen Merkfähigkeitstests in der SkyTest® Trainingssoftware:
Ab der dritten Einblendung werden nur noch zwei zu merkende Kombinationen
angezeigt (linke Seite), während gleichzeitig die Zahlen zweier zuvor angezeigter
Kombinationen abgefragt werden (rechte Seite).**

In einem zweiten Aufbau werden den Teilnehmern zu Beginn lediglich zwei Kombinationsketten als Ausgangsmenge bekannt gegeben. Dafür sind mit jedem Durchgang zwei Sequenzen ohne Rückgriff auf eine Auswahl durch Tastatureingabe zu vervollständigen.

17

Anflugtest

Der *Anflugtest* stellt einen Aufbau aus dem Bereich der Mehr-facharbeit und Stresstoleranz dar, der bereits recht konkret am Auf-gabenprofil eines Fluglotsen ansetzt. Am Monitor wird ein verein-fachter Luftraum dargestellt, der Ihnen zur Kontrolle zugewiesen ist. Ihre Aufgabe besteht darin, zunächst zwei, später drei Flugzeuge, die in Ihren Kontrollraum einfliegen, gleichzeitig und möglichst effi-zient über ein Gitter von Luftwegen und Kontrollpunkten zum Flugha-fen zu leiten.

Sie koordinieren die Flugzeuge durch den Luftraum und müssen dafür Sorge tragen, dass die Maschinen ihre Anflughöhe bis zur Landung konstant senken und möglichst entgegen der Ihnen zu Be-ginn eines Durchgangs angegebenen Windrichtung landen. Kommen sich die Flugzeuge im Anflug zu nah oder kollidieren, wird dies mit einem Abzug gewertet.

Es dürfen sich daher niemals zwei Maschinen an zwei benach-barten Kontrollpunkten oder gar am gleichen Kontrollpunkt aufhalten (auch nicht in unterschiedlicher Höhe). Ebenso sollen Maschinen nicht zu Kontrollpunkten umgeleitet werden, an denen sie bereits waren. Als Sonderereignis können einzelne Kontrollpunkte gesperrt sein. Diese stehen Ihnen dann nicht mehr für die Koordination der Flugzeuge zur Verfügung. Beachten Sie, dass Sie alle Flugzeuge in Ihrem Kontrollraum zeitgleich leiten müssen und die Wahl der opti-malen Flugwege daher auch von der Position der Flugzeuge zuei-nander abhängt.

Im Anflugtest müssen Sie für eine gute Wertung also eine ganze Reihe von Regeln und Vorgaben bei der Planung der Flugrouten zur Landebahn beachten, die wir hier nocheinmal zusammenfassen:

▓ Die Anflugrichtung muss entgegen der Windrichtung gewählt werden.

▓ Der letzte Kontrollpunkt vor der Landebahn muss in einer Flughöhe von 10 FL überflogen werden.

▓ Es können jeweils nur Kontrollpunkte angeflogen werden, zu denen ein direkter Flugkorridor führt.

▓ Flugzeuge können nicht steigen und auf dem Weg von einem Kontrollpunkt zum nächsten nur um 10 FL sinken.

▓ An einem Kontrollpunkt darf sich nie mehr als ein Flugzeug aufhalten.

▓ Flugzeuge dürfen sich zwischen zwei Kontrollpunkten nicht entgegenkommen.

▓ Flugzeuge dürfen nicht an einem Kontrollpunkt „geparkt" werden.

▓ Eine direkte Umkehr zum vorausgegangenen Kontrollpunkt ist nicht möglich.

▓ Geschlossene Kontrollpunkte können nicht angeflogen werden.

🖉 Beispiel:

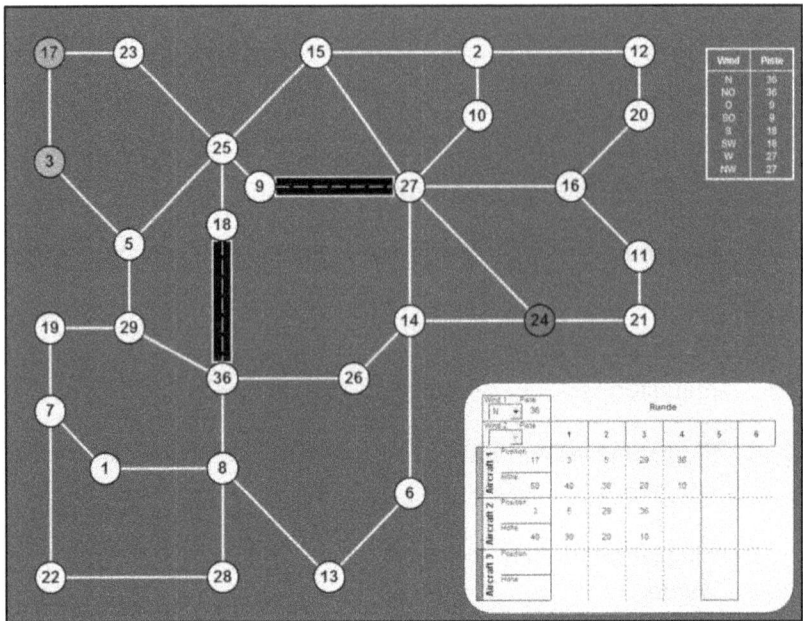

Beispielaufgabe aus der SkyTest® Trainingssoftware: Zunächst wird als Windrichtung „Nord" genannt. Der Tabelle rechts oben zufolge muss in diesem Szenario also über Punkt 36 gelandet werden. Die Flugzeuge 1 und 2 befinden sich anfangs auf dem Punkten 17 und 3, und nähern sich gemäß der rechts unten eingetragenen Werte jeweils um 10 FL sinkend der entsprechenden Landebahn.

Beidseitiger Hörtest

Der *Beidseitige Hörtest* ist ein Aufmerksamkeitstest, in dem die Fähigkeit der Bewerber zur selektiven Erfassung von Ereignissen geprüft wird. Über einen Kopfhörer werden Buchstaben- und Zahlenketten angesagt. Vor jedem Durchgang legt das System mit einem Signalton das Ohr fest, mit dem Sie auf ein bestimmtes akustisches Ereignis achten sollen. Zu Beginn sind die Ereignisse noch wenig komplex. So soll beispielsweise auf jede Zahl mit einem Tastendruck reagiert werden, die über den Kanal auf das rechte Ohr angesagt wird. Die Ansagen auf dem Kanal zum linken Ohr dienen ausschließlich der Ablenkung und sollen ignoriert werden.

Die Durchgänge sind verhältnismäßig kurz, so dass der Beidseitige Hörtest keinen Daueraufmerksamkeitstest darstellt. Die Ereignisse werden im Verlauf des Tests jedoch erheblich komplexer, womit ein hohes Maß an Konzentration aufgewandt werden muss, um den Ansagen zu folgen und die richtigen Ereignisse zu bestätigen.

✎ Beispiel:

Im Beidseitigen Hörtest müssen Sie mit folgenden Aufgabenstellungen rechnen:

1. Erkennen aller Zahlen: Sie müssen auf jede Zahl reagieren, die auf dem festgelegten Kanal angesagt wird.

2. Erkennen aller Zahlen nach einem Vokal: Sie müssen auf jede Zahl reagieren, die nach einem Vokal (a, e, i, o, u) auf dem festgelegten Kanal angesagt wird.

3. Erkennen aller Zahlen vor einem Vokal: Sie müssen auf jeden Vokal reagieren, der nach einer Zahl auf dem festgelegten Kanal angesagt wird.

4. Erkennen aller Zahlen vor oder nach einem Vokal: Sie müssen auf jede Zahl reagieren, die vor oder nach einem Vokal auf dem festgelegten Kanal angesagt wird.

Bourdon-Test

Der *Bourdon-Test* ist ein klassischer Konzentrationstest. Auf dem Bildschirm wird ein eng gefasster Block mit 40 mal 42 Zeichen, in der Regel voneinander unabhängige Buchstaben, eingeblendet. Zu Beginn eines Durchgangs werden drei Zeichen genannt, die Sie aus der Grafik filtern und markieren müssen. Hierzu stehen acht Minuten Zeit zur Verfügung. Ziel ist es, binnen dieser Zeit möglichst viele der entscheidungsrelevanten Zeichen in der Grafik wiederzuerkennen und zu markieren. Der Bourdon-Test wird oftmals auch als *a/b/q-Test* bezeichnet, da als kritische Zeichen regelmäßig die Buchstaben „a", „b" und „q" zum Einsatz kommen.

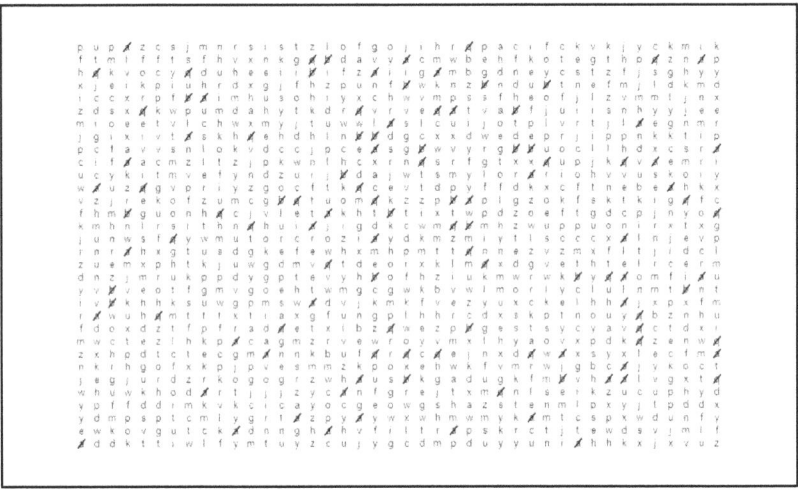

In diesem Screenshot aus der SkyTest® Trainingssoftware müssen – wie bereits in den ersten Zeilen geschehen – die Buchstaben „a", „b" und „q" markiert werden.

Kurvenzählen

Konzentrationsvermögen und die Orientierung im zweidimensionalen Raum bilden die Ausgangslage des *Kurvenzählen-Tests*. Auf Ihrem Bildschirm wird ein Pfeil eingeblendet, der mehrere Knicke beschreibt. Ihre Aufgabe besteht darin, zu bestimmen, wie viele Rechts- respektive Linkskurven die Pfeillinie vollzieht.

Neben der Richtigkeit Ihrer Eingaben ist auch die Bearbeitungszeit je Durchgang für ein erfolgreiches Abschneiden ausschlaggebend.

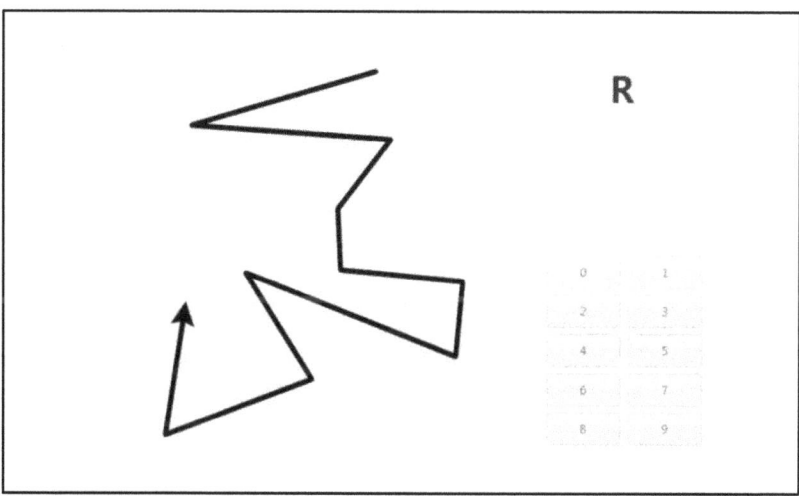

SkyTest® Trainingsmodul für das Kurvenzählen: Das „R" rechts oben zeigt an, dass die Anzahl der Rechtsknicke in diesem Pfeil gezählt werden soll. Hierbei ist die richtige Lösung „5".

Flugzeugpositionierungstest

Konzentrationsvermögen und räumliche Orientierung stehen im Mittelpunkt des *Flugzeugpositionierungstests*. Am Übungsbildschirm wird ein Pfeil eingeblendet, dessen Spitze entweder auf 0, 90, 180 oder 270 Grad ausgerichtet ist. Das Programm nennt Ihnen jetzt mehrere Rotationsanweisungen mit oder gegen den Uhrzeigersinn, nach denen die Pfeilspitze jeweils wieder auf eine der angegebenen Gradzahlen zeigt. Ihre Aufgabe besteht darin, die Lageänderungen des Pfeils im Kopf nachzuvollziehen und zu bestimmen, in welche Richtung die Pfeilspitze nach der letzen Änderung ausgerichtet ist.

Diese Position ist mit der Lage eines zweiten Pfeils zu vergleichen, der die Endlage markiert. Jetzt müssen Sie im Multiple-Choice-Verfahren die letzte Rotationsanweisung festlegen, die erforderlich ist, um den Pfeil in diese Endlage zu bringen.

🖉 Beispiel:

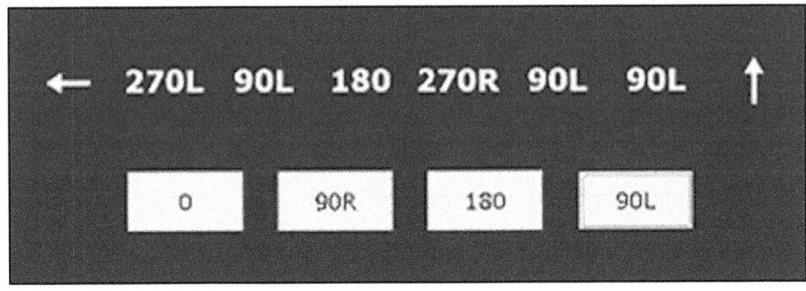

Screenshot aus der SkyTest® Software zum Flugzeugpositionierungstest

In dieser Beispielaufgabe muss der erste Pfeil gedanklich zunächst um 270° nach links gedreht werden; dann würde die Spitze nach oben zeigen. Nach einer weiteren Drehung um 90° nach links zeigt die Spitze wieder nach links. Anschließend wird der Pfeil im

Kopf um 180° gewendet, d.h. er zeigt nun nach recht s. Jetzt folgt eine 270°-Drehung nach rechts, wodurch die Spitze n un oben ist. Zwei aufeinanderfolgende 90°-Rotationen nach links lassen den Pfeil schließlich nach unten zeigen.

Stellen Sie jetzt fest, wie weit der Pfeil noch gedreht werden muss, um die Lage des zweiten Pfeils am Ende einzunehmen. In unserem Beispiel wären dies 180°. Also ist der Button mit d er Beschriftung "180" anzuklicken.

Hier nochmal alle Rotationsbefehle in der Übersicht:

Anweisung	Aktion
90L	90°-Drehung nach links
90R	90°-Drehung nach rechts
180	180°-Drehung
270L	270°-Drehung nach links
270R	270°-Drehung nach rechts

Rotationsbefehle im Flugzeugpositionierungstest

Langzeitkonzentrationstest

Der *Langzeitkonzentrationstest* ermittelt die Konzentrationsfähigkeit der Bewerber in einem monotonen Dauertestszenario. Der auf sechzig Minuten angelegte Test gliedert sich dabei in zwei Aufgabenbereiche. In der Kernaufgabe ist ein visuelles Signal zu überwachen. Am Übungsmonitor werden vier nebeneinander stehende Felder eingeblendet. Im Sekundentakt leuchten je zwei dieser Felder auf. Ein zu erkennendes und zu bestätigendes Ereignis liegt immer

25

dann vor, wenn sich ein Signal wiederholt, d.h. wenn beispielsweise zweimal hintereinander die Felder an Position eins und drei aufleuchten, während die Felder an zwei und vier schwarz bleiben.

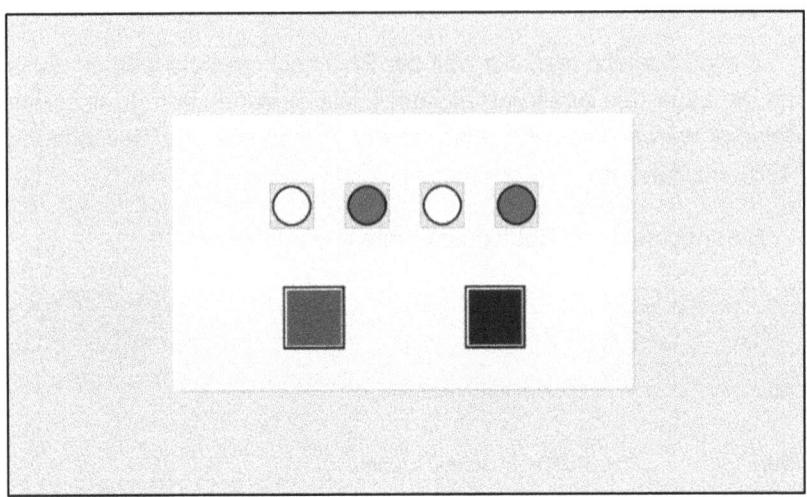

Aufbau des Langzeitkonzentrationstests in der SkyTest® Trainingssoftware: Zum einen muss auf durch die vier Lämpchen visualisierten Ereignisse reagiert werden, zum anderen auf bestimmte akustische Signale.

Die Einbindung einer zweiten Aufgabe erweitert den Langzeitkonzentrationstest um eine Prüfungsdimension der Mehrfacharbeit. Eine mehrfache Beanspruchung ist in Tests, die eigentlich bewusst an monotonen Aufbauten und damit einer Unterforderung der Teilnehmer ansetzen, eher ungewöhnlich. Die sehr lange Testdauer im Langzeitkonzentrationstest von einer Stunde gibt dennoch den Raum, eine zweite, akustische Konzentrationsübung in den Ablauf zu integrieren. Über Kopfhörer werden Ihnen im Sekundentakt Buchstaben vorgelesen. Ihre Aufgabe ist es, zwischen Buchstaben, die auf einen „e"-Laut enden (also b, c, d, e, g, p, t und w) und allen anderen zu unterscheiden. Wird beispielsweise dreimal in Folge ein Buchstabe mit einem „e"-Laut angesagt, ist dieses Ereignis per Tasteneingabe am Bedienfeld zu bestätigen.

Vigilanztest

Der *Vigilanztest* untersucht Ihre Wahrnehmungs-, Aufmerksam-keits- und Reaktionsfähigkeit ebenfalls in einem monotonen Dauer-testszenario. Ein kleiner Punkt durchläuft im Uhrzeigersinn eine aus Punktfeldern gleicher Größe gebildete Kreisfläche. In unregelmäßi-gen Abständen überspringt der Punkt jedoch eines der Felder. Ihre Aufgabe ist es, dieses Ereignis zu erkennen und durch Tastendruck zu bestätigen.

Ein Testdurchgang kann im Fluglotsen-Screening des DLR eine ganze Stunde dauern. Der Vigilanztest wird daher trotz seines ver-hältnismäßig einfachen Aufbaus von vielen Teilnehmern als beson-ders anspruchsvoll empfunden. Neben der Richtigkeit der Eingaben ist auch Ihre Reaktionsgeschwindigkeit in der Auswertung von Be-deutung.

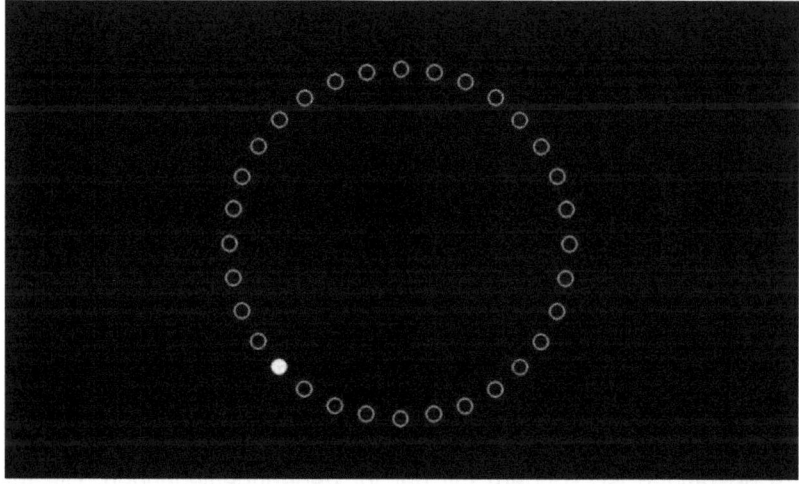

Screenshot des Trainingsmoduls zum Vigilanztest in der SkyTest® Software: Sobald der weiße Punkt eine der imaginären Positionen auslässt, müssen Sie reagieren.

Wahl-Reaktions-Test

Auch der *Wahl-Reaktions-Test* ist in die Gruppe der Konzentrationstests einzuordnen. Überprüft werden die Wahrnehmungs-, Aufmerksamkeits- und Reaktionsfähigkeit der Teilnehmer in einem monotonen Aufbau.

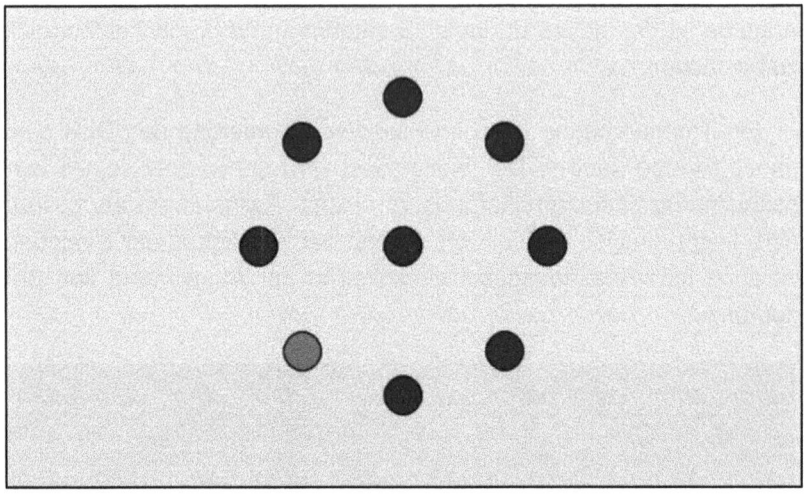

Bildschirmanzeige beim Wahl-Reaktions-Test in der SkyTest® Trainingssoftware

Am Bildschirm wird ein aus acht Punkten gebildeter Kreis eingeblendet. Das Eingabegerät bildet die Kreisfläche nach. Leuchtet eines der Punktfelder auf, ist eine möglichst schnelle Eingabe des Ereignisses durchzuführen. Die Bearbeitung des Tests wird jedoch dadurch erschwert, dass das Ereignis nicht durch Betätigung der dem aufleuchtenden Punktfeld am Eingabegerät zugeordneten Taste zu bestätigen ist, sondern mit der ihr gegenüberliegenden. Die für den Reaktionstest angesetzte Bearbeitungszeit liegt zwischen fünf und zehn Minuten.

Symbol-Additions-Test

Der *Symbol-Additions-Test* ist letztlich ein einfacher Rechentest, bei dem die zu addierenden Zahlen durch Symbole chiffriert sind. Die Chiffrierung wird in einer sogenannten Suchzeile angegeben. Ihre Aufgabe besteht darin, möglichst schnell einen Block von 64 Einzelaufgaben durchzurechnen.

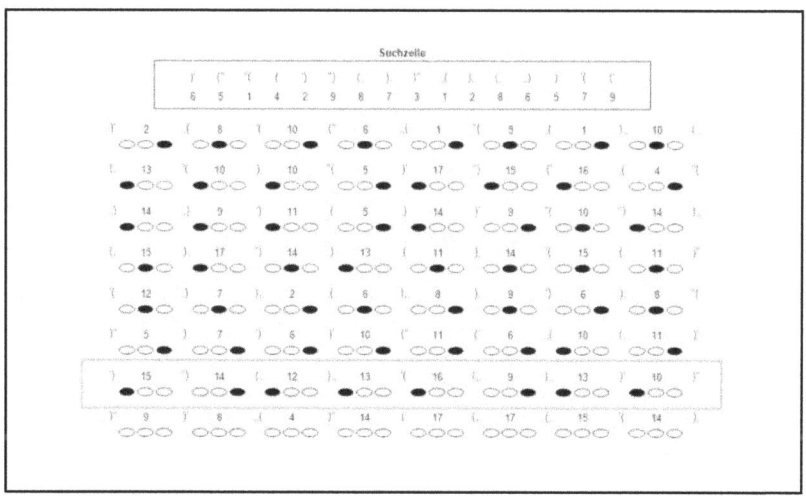

Screenshot des Symbol-Additions-Tests aus der SkyTest® Trainingssoftware

Dabei müssen Sie jeweils die als aktuell markierte Zeile von links nach rechts bearbeiten. Hierzu suchen Sie die dem ersten Symbol zugeordnete Zahl in der Suchzeile am oberen Bildschirmrand und addieren diese mit der Zahl, die dem zweiten Symbol zugeordnet ist. Wenn das Ergebnis kleiner ist als die zwischen beiden Symbolen angegebene Zahl, so markieren Sie mit der Maus das linke der drei Ovale, welche sich unterhalb der gerade zu bearbeitenden Additionsgruppe befinden. Ist die Summe gleich der angegebenen Zahl, so markieren Sie das mittlere Oval; ist die Summe größer, so markieren Sie das rechte Oval. Anschließend fahren Sie mit der nächsten Additionsgruppe fort. Da das erste Symbol dieser neuen Gruppe gleichzeitig das zweite Symbol der ersten Gruppe ist, ist es hilfreich, sich die diesem Symbol zugeordnete Zahl zu merken, um sie nicht erneut suchen zu müssen.

✎ Beispiel:

Folgendes Beispiel zeigt die richtige Markierung zweiter Aufgabenzeilen:

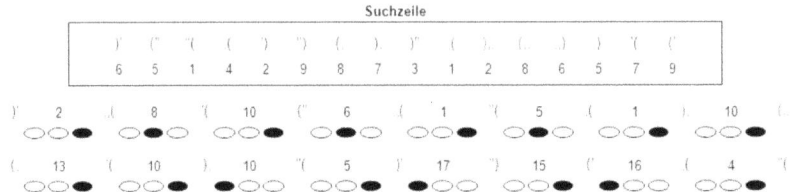

Für die erste Additionsgruppe bestehend aus den Zeichen $)'$ und $,,($ lautet die Berechnung 6 + 1 = 7. Da diese Summe größer als die angegebene Zahl 2 ist, muss das rechte Oval der Gruppe markiert werden. In der zweiten Additionsgruppe von Zeile 1, welche die Zeichen $,,($ und $'($ umfasst, erfolgt die Berechnung 1 + 7 = 8. Da die angegebene Zahl hier ebenfalls 8 lautet, muss das mittlere Oval der Gruppe markiert werden.

Die Bearbeitungszeit ist beim Symbol-Additions-Test ein entscheidendes Erfolgskriterium. Der Testaufbau gibt zudem die jeweils zu bearbeitende Aufgabenzeile vor. Nicht innerhalb der Zeitvorgabe bearbeitete Aufgaben werden als Fehler gewertet, jedoch ist der Test so angelegt, dass innerhalb der Bearbeitungszeit im Regelfall nicht alle Aufgaben durchgerechnet werden können und trotz unbearbeiteter Additionen ein gutes Ergebnis erzielt wird.

Würfelrechen-Test

Der *Würfelrechen-Test* prüft Ihre Fähigkeit zu logischem Denken und Ihren mathematisch sicheren Umgang mit kleinen Zahlen. Auf dem Übungsbildschirm werden mehrere Würfelvorderseiten dargestellt. Bilden Sie zunächst die Summe der auf den Vorderseiten angegebenen Punktzahlen. In einem zweiten Schritt müssen Sie die Summe der nicht sichtbaren Würfelrückseiten bilden.

Da bei einem Normalwürfel die Summe zweier gegenüberliegender Seiten stets 7 ergibt, erhalten Sie die Punktzahl der Rückseite mit Hilfe der Formel „7 – Vorderseitenpunktzahl". In einem letzten Schritt ist es Ihre Aufgabe, die Differenz zwischen den Punktsummen der Vorder- und der Rückseiten zu bilden und diesen Wert anzugeben. Neben der Richtigkeit Ihrer Eingaben ist auch die Bearbeitungszeit je Durchgang erfolgsentscheidend.

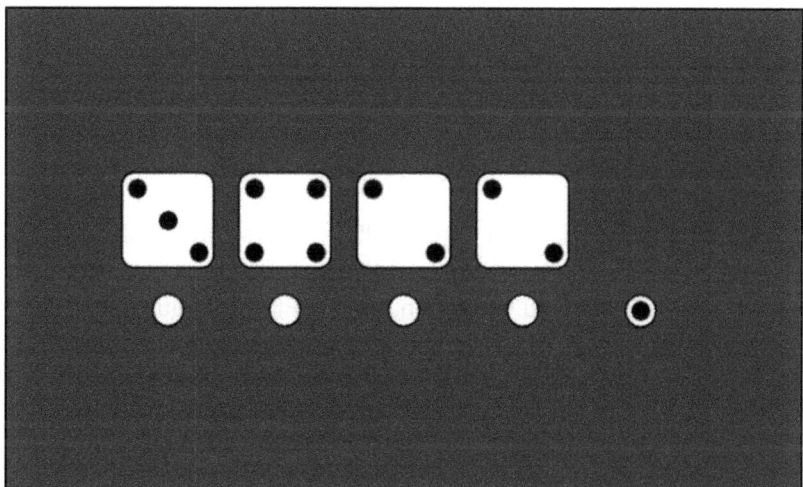

In diesem Beispiel aus der SkyTest® Trainingssoftware beträgt die Summe der Würfelvorderseiten 11, die Summe der Rückseiten 17. Da die Differenz beider Summen 6 ist, dieser Wert aber auf keiner der Vorderseiten zu sehen ist, muss das Feld ohne Würfel am rechten Bildschirmrand markiert werden.

31

3.1.2 Spezifische Leistungstests

Am zweiten Tag der Vorauswahl werden Sie an zwei spezifischen Leistungstests teilnehmen. Der *Flugstreifentest* und der *Radarsimulator* lehnen sich eng an typische Aufgaben eines Fluglotsen an und prüfen so sehr praxisnah Ihre Eignung für den Beruf.

3.1.2.1 Flugstreifentest

Der *Flugstreifentest* (auch *Strip Display Management Test*) ist seit vielen Jahren ein fester Bestandteil der Auswahlverfahren für Fluglotsen. Der Ansatz wurde in den achtziger Jahren als Paper-and-Pencil-Test in der Schweiz und den Vereinigten Staaten entwickelt und später in einen computergestützten Aufbau übertragen. Der Flugstreifentest bildet das Verfahren der Luftraumkontrolle durch Flugstreifen nach. Die Flugsicherung leitet den Verkehr dabei über feststehende Kontrollpunkte (zum Beispiel Städte) und kann auftretende Konflikte im Luftraum frühzeitig erkennen.

Aufbau

Auf einer am Bildschirm dargestellten Tafel sind je nach Testszenario etwa acht Kontrollpunkte positioniert. Unter einem Kontrollpunkt ist eine Station zu verstehen, die ein Flugzeug auf seiner Route überfliegt. Jedem Kontrollpunkt können wiederum mehrere Flugstreifen zugeordnet sein, die verschiedene Flüge repräsentieren.

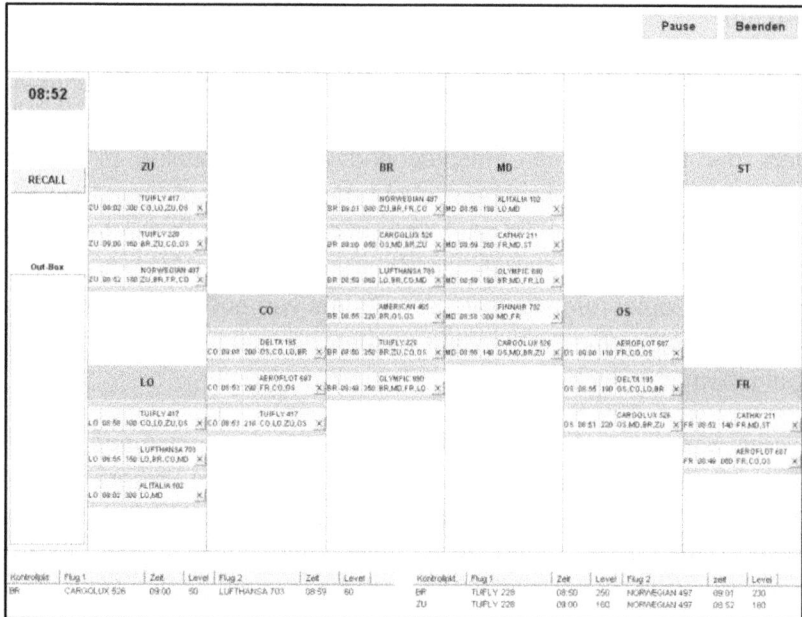

Screenshot des Flugstreifentests aus der SkyTest® Trainingssoftware

Der Aufbau eines Flugstreifens soll an einem Beispiel verdeutlicht werden:

Wie in diesem Flugstreifen ersichtlich ist, gehört dieser zu Flug „Lufthansa 703", welcher die darunter angegebene Route London – Brüssel – Köln – Madrid zurücklegt. Auf der linken Seite ist angegeben, um welchen Kontrollpunkt der Route es sich handelt (hier: Brüssel). Daneben stehen die Uhrzeit, zu welcher der Kontrollpunkt erreicht wird, sowie die Höhe, in welcher dieser überflogen wird.

Ablauf

Die Prüfungszeit beim Flugstreifentest beträgt rund 40 Minuten. Zu Beginn des Durchgangs sehen Sie zunächst mehrere Flugstreifen, die unterhalb der entsprechenden Kontrollpunkte einsortiert werden müssen. Im weiteren Verlauf des Tests erscheinen kontinuierlich neue Streifen. Parallel dazu müssen nicht mehr benötigte Streifen aussortiert, auftretende Konflikte zwischen Flügen erkannt und über Kopfhörer mitgeteilte Korrekturen vorgenommen werden. In den nachfolgenden Abschnitten werden die vier relevanten Einzelaufgaben genauer erläutert.

Im Eignungstest erhalten Sie nach der Einführungsrunde, in der Sie mit dem Testaufbau vertraut gemacht werden, keinerlei Feedback mehr über Ihre erzielte Leistung. Umso wichtiger ist es, Strategien für eine Priorisierung der im Folgenden beschriebenen Teilaufgaben zu entwickeln. Die Teilaufgaben können abhängig vom aktuellen Stadium des Tests variieren und beispielsweise vorgeben, wann kontrolliert wird, ob Konflikte vorliegen oder die chronologische Reihenfolge der Flugstreifen unterhalb der Kontrollpunkte noch gegeben ist.

Streifenhereinnahme und -sortierung

Ein Aspekt des Tests ist die fortdauernde Sortierung der Flugstreifen unterhalb der richtigen Kontrollpunkte in chronologisch richtiger Reihenfolge. Dies bedeutet, dass bei jedem Kontrollpunkt Flugstreifen mit früherer Zeitangabe unterhalb von Flugstreifen mit späterer Zeitangabe zu positionieren sind. Falls ein Flugstreifen über keine Zeitangabe verfügt, ist dieser oben abzulegen. Die chronologische Ordnung wird Ihnen die Bearbeitung anderer Einzelaufgaben, wie die Herausnahme nicht mehr benötigter Streifen oder die Identifizierung von auftretenden Konflikten, erheblich erleichtern.

Während des Testverlaufs erscheinen am oberen Bildschirmrand immer wieder neue Streifen. Diese müssen zügig in das System einsortiert werden, sonst droht eine negative Wertung. Falls ein neuer Streifen nach 90 Sekunden noch nicht korrekt einsortiert wurde, beginnt dieser zu blinken.

Streifenherausnahme

Überflüssige Flugstreifen müssen aus dem System entfernt werden. Streifen dürfen frühestens ab dem Zeitpunkt aussortiert werden, an dem das dazugehörige Flugzeug auf seiner Route den nachfolgenden Kontrollpunkt überfliegt. Eine Ausnahme stellt der Streifen des letzten Kontrollpunkts einer Route dar, welcher sofort nach dem Passieren entfernt werden soll. Wurde ein Streifen herausgenommen, erscheint dieser am linken Bildschirmrand in einer „Out-Box" und kann bei Bedarf zur weiteren Bearbeitung durch An-klicken wieder auf das Board übertragen werden.

Um diese Teilaufgabe möglichst effizient zu bearbeiten, empfiehlt es sich, in regelmäßigen Abständen alle Streifen auf dem Board mit der aktuellen Systemzeit zu vergleichen. Ein anderes Vorgehen wäre die Erstellung eines Zeitplans, wann Streifen herauszunehmen sind. Hierbei wäre allerdings ein sehr flexibles Vorgehen erforderlich, da sich angegebene Zeiten durch vorzunehmende Korrekturen (weiter unten erläutert) noch nachträglich ändern können.

Konflikte

Beim Flugstreifentest sind zwei Konfliktarten zu unterscheiden, nämlich ob sich zwei Flüge entweder direkt an einem Kontrollpunkt oder aber zwischen zwei Kontrollpunkten mit einer kritischen Höhendifferenz begegnen.

▪ Lokaler Konflikt: Bei einem lokalen Konflikt überfliegen mindestens zwei Flugzeuge in einem zeitlichen Abstand von vier Minuten oder weniger denselben Kontrollpunkt. Ihr Höhenabstand beträgt dabei 30 FL (Flugflächen) oder weniger zueinander.

▪ Oppositer Konflikt: Bei einem oppositen Konflikt kommen sich zwei Flugzeuge zwischen zwei Kontrollpunkten entgegen. Ein Konflikt ist dann gegeben, wenn die Maschinen auf dieser Strecke einen vertikalen Abstand von 30 FL oder weniger zueinander einhalten.

Haben Sie einen Konflikt ausgemacht, müssen Sie die beteiligten Flugstreifen markieren. Wurden alle zu einem Konflikt gehörenden Streifen markiert, wird dieser entsprechend seiner Art entweder in die Liste der lokalen oder in die Liste der oppositen Konflikte übernommen. Wurde ein Streifen ohne Anlass markiert, kann die Markierung auch wieder rückgängig gemacht werden. Nach ihrer Identifikation durch Aufnahme in die entsprechende Liste sind Konflikte nicht mehr weiter zu bearbeiten.

Während sich lokale Konflikte relativ leicht ausmachen lassen, sind die vergleichsweise weniger augenfälligen oppositen Konfliktkonstellationen schwerer zu erkennen. Bitte beachten Sie, dass vorzunehmende Zeit- und Höhenkorrekturen möglicherweise neue Konfliktfelder eröffnen. Ist gerade keine andere Aufgabe zu bearbeiten, verwenden Sie die Zeit, das vor Ihnen liegende System schematisch auf Konflikte zu überprüfen.

Korrekturen

Korrekturanweisungen (sogenannte *Revisionen*) werden während des Tests akustisch über Kopfhörer eingespielt. Hierbei kann bei einem Streifen entweder die Korrektur der Zeitangabe, die Korrektur der Höhenangabe oder die Korrektur beider Angaben gefordert sein. Um eine Korrektur vorzunehmen, klicken Sie bitte entweder die auf dem Streifen dargestellte Uhrzeit oder Höhenangabe an, woraufhin ein Textfeld erscheint. Geben Sie dort über die Tastatur den neuen Wert ein.

Änderungen sind innerhalb von 90 Sekunden nach ihrer Bekanntgabe auszuführen. Nach der Durchführung einer Korrektur ist für den betreffenden Streifen zu prüfen, ob dieser zum einen noch chronologisch richtig unter dem entsprechenden Kontrollpunkt einsortiert ist, und zum anderen, ob dieser nun möglicherweise Teil eines neu entstandenen Konflikts ist.

3.1.2.2 Radarsimulator

Der *Radarsimulator* bildet die Organisation eines modernen Luftraummanagement nach. Der Test ist systematisch in die Kategorien Konzentration und Mehrfachbelastung einzuordnen und baut bei den Teilnehmern gezielt ein hohes Stressniveau auf.

Aufbau

Ihnen ist ein Luftraumsektor zur Verwaltung zugewiesen, in den über acht Luftwege Flugzeuge eintreten. Das Programm nennt Ihnen die Luftwege, über welche die Maschinen Ihren Sektor wieder verlassen sollen. Ihre Aufgabe besteht darin, die Flugzeuge durch Kommandos sicher und effizient durch den Luftraum zu lotsen. Die

Maschinen sind mit einem Rufkennzeichen versehen und werden auf dem Monitor mit Angaben zu Flughöhe und Geschwindigkeit geführt.

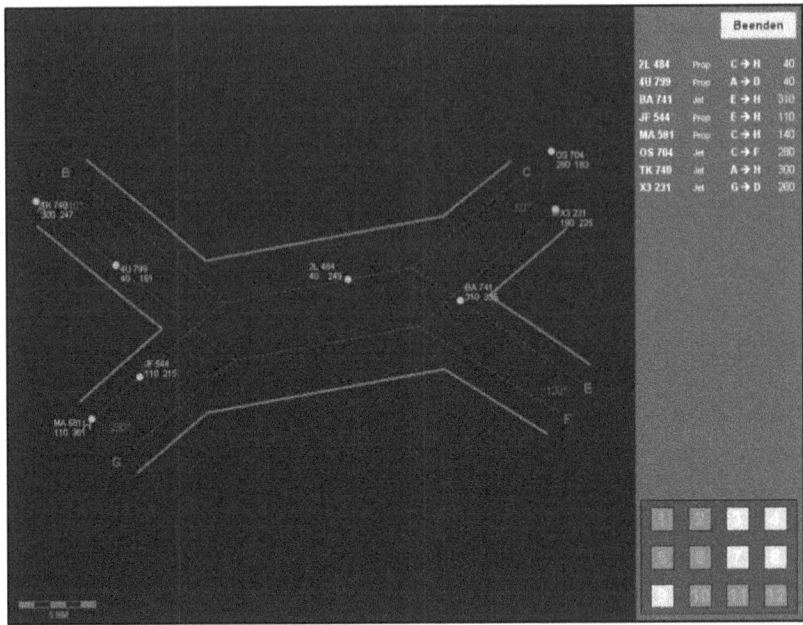

Die Radarsimulation in der SkyTest® Trainingssoftware

Der Luftraum hat vier Korridore mit jeweils zwei Kontrollpunkten, über welche Flugzeuge ein- und ausfliegen. Er ist ähnlich dem Luftraum in obiger Abbildung strukturiert. Die Ausrichtung des gesamten Luftraums beträgt 80°/260° (zur Orientierung: 0° be findet sich in nördlicher Richtung). Wenn ein Flugzeug den Luftraum über einen Kontrollpunkt verlässt, müssen folgende Daten bezüglich Steuerkurs (in Grad) und Flughöhe (in Flugflächen) eingehalten werden:

Kontrollpunkte	Steuerkurs	Flughöhe
A, B	310°	200 – 250
C, D	50°	150 – 250
E, F	120°	40 – 50
G, H	230°	150 – 250

Sollwerte beim Verlassen des Luftraums

Als Lotse geben Sie Navigationsbefehle an die Flugzeugführer. Sie können Höhe und Flugrichtung der einzelnen Maschinen bestimmen. Die Steuerbefehle leiten sich aus der Perspektive des Lotsen ab. Damit sind den Ein- und Austrittspunkten starre Angaben in einer 360 Grad-Skalierung zugewiesen. Den Flugwegen an den Austrittspunkten sind darüber hinaus Flughöhenkorridore vorgegeben, auf denen sich eine den Sektor verlassende Maschine beim Ausflug befinden muss.

✎ Beispiel:

BA 741   Jet   E → H   310

Kursangabe: Flug BA 741 (Jet) tritt über Luftweg E in Ihren Sektor ein und soll diesen über Luftweg H verlassen. Die Höhe am Eintrittspunkt beträgt 310 FL (Flugflächen).

Während des Tests müssen Sie darauf achten, dass sich die Flugzeuge nicht zu nahe kommen. Ein Konflikt zwischen zwei Flugzeugen wird durch Rotfärbung der Fluginformationen am rechten Bildschirmrand signalisiert.

Ablauf

Um Sie mit dem Testaufbau vertraut zu machen, werden Ihnen beim DLR zunächst rund 60 bis 90 Minuten lang grundlegende Aspekte der Luftraumkontrolle vermittelt und das Testgerät anhand eines Beispieldurchgangs vorgestellt. Zudem erhalten Sie eine Anleitung, die Ihnen alle Details und Aufgaben vorstellt.

Bevor der erste tatsächlich gewertete Durchgang stattfindet, dürfen Sie sich in einer fünfminütigen Übungsphase mit dem Testgerät vertraut machen. Im darauffolgenden ersten gewerteten Durchgang sind fünf Flugzeuge durch den Luftraum zu navigieren, wobei zum einen möglichst kurze Routen gewählt und zum anderen Konflikte vermieden werden sollen. Auch müssen Sie darauf achten, dass die Flugzeuge nicht die Begrenzung des Luftraums überfliegen. Nach Ende des Durchgangs erhalten Sie vom Testleiter Feedback über Ihr Abschneiden. Anschließend werden Sie im zweiten Durchgang die gleiche Aufgabenstellung noch einmal bearbeiten. Wenn Sie diese ersten Durchgänge gut bestehen, navigieren Sie anschließend bis zu sieben Flugzeuge durch einen neuen, etwas komplexeren Luftraum. Die Dauer eines Durchgangs beträgt etwa zehn Minuten.

Der Radarsimulator stellt einen sehr dynamischen Aufbau dar. In Ihrem Luftraum werden Sie mehrere Flugzeuge zur selben Zeit betreuen. Achten Sie daher auf die Auswirkungen Ihrer Entscheidungen für das Gesamtverkehrsbild – eine Änderung der Flugrichtung bei einem Flugzeug kann leicht zu einem Konflikt mit einer anderen Maschine führen.

Während des Tests müssen zusätzliche, akustisch gestellte Aufgaben bearbeitet werden: Am rechten unteren Bildschirmrand sind zwölf Felder angeordnet. Wenn eines dieser Felder aufleuchtet, steht eine Frage bereit, die Sie abrufen müssen. Ihnen wird dann eine Frage zur aktuellen Testsituation oder eine Rechenaufgabe gestellt. Es ist immer nur eine dahingehende Entscheidung zu treffen, ob die genannte Aussage richtig oder falsch war. Sobald sechs oder mehr Fragen zur Bearbeitung ausstehen, werden alle anderen Eingaben für den Radarschirm blockiert. Sie müssen erst ein paar Fragen bearbeiten, bevor Sie mit der Kontrollaufgabe fortfahren können.

3.2 Die Block8-Tests

Erfolgreiche Teilnehmer der eher kapazitiven Tests in der Vorauswahl erhalten die Einladung zur zweiten Testrunde, den ebe-*Block8-Tests*. In dieser Stufe nehmen im Schnitt zehn bis zwölf Bewerber pro Runde teil. Block8 umfasst *verhaltensorientierte Diagnostik*, *Englischtests*, ein *Interview* und ein *Medical* und beginnt mit zwei Teamübungen, die unter psychologischer Aufsicht abgehalten werden – einem manuellen Flugstreifentest und dem Dyadic Cooperation Test (DCT).

3.2.1 Manueller Flugstreifentest

Im *manuellen Flugstreifentest* ist es Ihre Aufgabe, in einem kleinen Team aus maximal vier Teilnehmern anhand von Flugstreifen die Wege von Flügen zu rekonstruieren. Die Datensätze sind dabei unvollständig und müssen systematisch ergänzt werden. Die Aufgabe des manuellen Flugstreifentest dient in erster Linie aber der Beobachtung Ihres Team- und Führungsverhaltens. In einer Gruppenübung wie dem manuellen Flugstreifentest können Sie viele Pluspunkte sammeln. Redeanteile und analytische beziehungsweise konstruktive Beiträge zur Lösung des gestellten Problems sind bereits die halbe Miete. Wenn es Ihnen darüber hinaus gelingt, eine moderierende Rolle einzunehmen und passivere Gruppenmitglieder zu integrieren, beweisen Sie zudem Führungskompetenz.

3.2.2 Der Dyadic Cooperation Test (DCT)

Der *Dyadic Cooperation Test (DCT)* soll die Fähigkeit angehender Fluglotsen zur Arbeit im Team unter Stress- und Beanspruchungssituationen feststellen. Im Eignungstestverfahren des DLR wird hierzu jeweils zwei Teilnehmern, die miteinander lediglich über eine Funkverbindung kommunizieren können, am Computer eine gemeinsam zu bearbeitende Aufgabe gestellt. Das Arbeits- und Kommunikationsverhalten der Teilnehmer wird während des Tests von Psychologen beobachtet und ausgewertet.

Im DCT sollen die Teampartner ein Problem durch fortgesetzten Informationsaustausch binnen einer vorgegebenen Zeit gemeinsam lösen. Zwischen den Teilnehmern kann im Test eine weisungsgebende und weisungsempfangende Rollenverteilung gesetzt werden, wie sie auch zwischen Fluglotse und Pilot besteht. Das Informationsniveau kann zwischen den Teilnehmern ungleich verteilt sein, womit ein wechselseitiger Abgleich beziehungsweise Austausch der Informationen erforderlich wird.

Der Schwierigkeitsgrad der gestellten Aufgabe wird im Test variieren, um die Auswirkungen von Mehrfach- und Dauerbeanspruchung jedes einzelnen Teilnehmers auf dessen Arbeitsweise (im Team) zu ermitteln.

Die eigentliche Aufgabe ist recht schnell beschrieben. Sie und Ihr Partner sollen Gewichte unterschiedlicher Wertigkeit möglichst optimal auf Brücken mit einer vorgegebenen Belastungsgrenze verteilen. Diese Grundaufgabe wird durch zusätzliche Bearbeitungskriterien ergänzt, um Aussagen über sich ändernde Arbeitsweisen der Teilnehmer bei unterschiedlicher Beanspruchung zu treffen.

Nach mehreren Übungsdurchgängen, in denen den Teilnehmern ausreichend Gelegenheit gegeben ist, sich mit der Bedienung des Tests vertraut zu machen, absolviert jeder Bewerber vier Einzeldurchgänge zu jeweils 60 bis 90 Sekunden. Die Tests werden mit dem Bearbeitungsziel der Punktemaximierung durchgeführt.

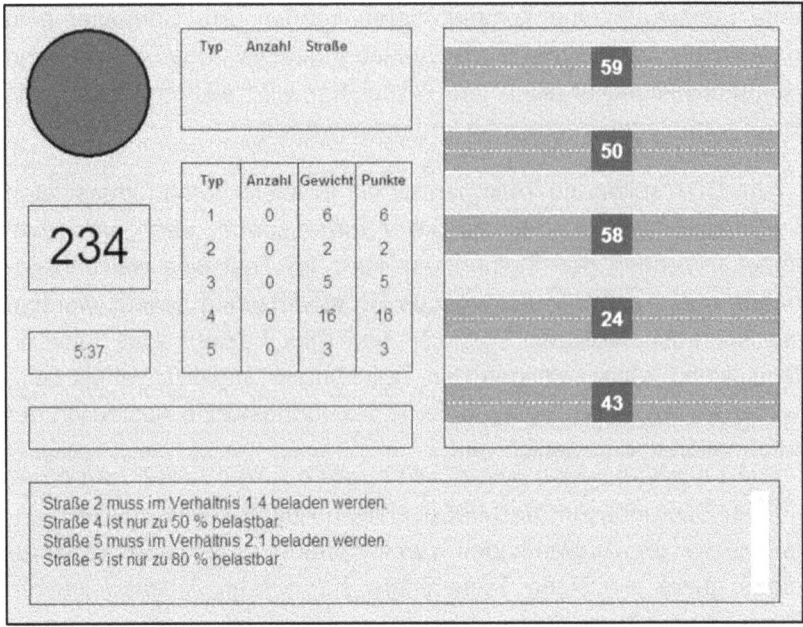

Screenshot des SkyTest® Trainingsmoduls für den Straßenbeladetest: In der Mitte sehen Sie die Gewichtstabelle mit allen verfügbaren Gewichten, auf der rechten Seite die zu beladenden Straßen mit der Angabe der maximal zulässigen Belastbarkeit oder des aktuellen Beladungswerts. Im Feld am unteren Bildschirmrand werden Einschränkungen vorgegeben, die bei der Bearbeitung beachtet werden müssen.

Den zweiten Teil des DCT durchlaufen die Teilnehmer paarweise. Das DLR weist jedem Bewerber einen Teampartner aus der Gruppe der Block8-Teilnehmer zu. Gemeinsam mit Ihrem Teampartner müssen Sie jetzt sieben Durchgänge bearbeiten. Sie sitzen dabei getrennt voneinander an zwei Computerarbeitsplätzen und kommunizieren über Headsets. Das gemeinsam erzielte Ergebnis geht zwar in die Bewertung ein, entscheidend ist aber die Abstimmung und Koordination der Aufgaben zwischen den Teampartnern. Die Kommunikation kann stets nur in eine Richtung erfolgen. Sie müssen den Funkknopf gedrückt halten, um Ihrem Teampartner eine Mitteilung zu senden. Ihr Partner kann Sie jetzt hören, Ihnen jedoch noch nicht antworten. Erst wenn Sie den Funkspruch beenden und den Funkknopf loslassen, ist auch Ihr Teampartner wieder in der Lage, Ihnen eine Nachricht zukommen zu senden.

Die Aufgaben können in gleichmäßig oder hierarchisch verteilten Weisungsbefugnissen bearbeitet werden. Ist letzteres der Fall, so ist einer der Partner dem anderen gegenüber weisungsbefugt, während der andere die Beladebefehle des Teampartners ausführen muss (Teamleiter / Zuarbeiter). In beiden Szenarien ist auf die Einhaltung einer strengen Kommunikationsdisziplin zu achten. Geben Sie klare und eindeutige Befehle und Empfehlungen. Sprechen Sie Ihren Partner mit seinem Funknamen an. Wiederholen und bestätigen Sie die Anordnungen Ihres Partners. Soweit Sie nicht über unterschiedliche Informationsniveaus verfügen, informieren Sie Ihren Partner über die Schritte, die Sie unternehmen. Beenden Sie ihre Funksprüche erkennbar.

Ein Bearbeitungsdialog zwischen zwei Partnern könnte demnach wie folgt stattfinden:

✎ Beispiel:

Ein Bearbeitungsdialog zwischen zwei Partnern könnte demnach wie folgt stattfinden:

Leiter Sektor West: *Leiter Sektor West für Leiter Sektor Ost. Ich bin Teamleiter. Die Belastungsgrenzen der Straßen sind 55 für Straße 1, 60 für Straße 2 und 75 für Straße 3. Over.*

Leiter Sektor Ost: *Leiter Sektor West, verstanden. Ich bin Zuarbeiter. Bestätige die Belastungsgrenzen 55 für Straße 1, 60 für Straße 2 und 75 für Straße 3. Erhalte Sondermeldung für Straße 3: Stra-*

ße 3 nur zu zwei Drittel belastbar. Straße 3 ist damit nur mit 50 Gewichtseinheiten zu beladen. Over.

Leiter Sektor West: *Leiter Sektor Ost, bestätige: Straße 3 nur zu
zwei Drittel und damit mit 50 Gewichtseinheiten zu beladen. Beginn-
en Sie mit der Beladung nach meiner Anweisung. Laden Sie fünf
Gewichte des Typs 1 und zwei Gewichte des Typs 3 auf Straße 1.
Straße 1 ist damit optimal beladen. Over.*

Leiter Sektor Ost: *Leiter Sektor West, Ihr Auftrag ist ausgeführt.
Straße 1 mit fünf Gewichten des Typs 1 und zwei Gewichten des
Typs 3 beladen. Erwarte weitere Instruktionen. Over. ...*

Während der Durchgänge wird gezielt ein verhältnismäßig hohes
Stressniveau aufgebaut, dem jedoch nicht die Teamarbeit der Teilnehmer zum Opfer fallen darf. Die Kommunikation zwischen Ihnen
und Ihrem Teampartner wird von Mitarbeitern des DLR aufmerksam
verfolgt und später ausgewertet. Der DCT erfordert von jedem Teilnehmer ein hohes Maß an Aufmerksamkeit und Konzentration. Mit
einer strukturierten Bearbeitung der Aufgaben und einer guten
Kommunikationsleistung mit Ihrem Teampartner können Sie in diesem Test viele Pluspunkte sammeln.

3.2.3 Das Interview

Zum Abschluss der Block8-Tests erwartet die Teilnehmer ein eingehendes Interview. Viele Bewerber fürchten im Interview eine der
größten Hürden im gesamten Auswahlverfahren. Das Interview ist
sicher nicht für jeden Teilnehmer angenehm, stellt aber die Gelegenheit dar, Marketing in eigener Sache zu betreiben.

Im Interview fällt die Entscheidung für oder gegen einen Bewerber. Mit Erreichen dieses Abschnitts des Eignungstestverfahrens

befinden Sie sich bereits in der engsten Auswahl. Jetzt müssen Sie überzeugend kommunizieren, dass Sie

- eine hohe Motivation für die Ausübung des Fluglotsenberufs aufweisen,
- eine hohe Motivation zur Arbeit bei der jeweiligen Flugsicherung mitbringen,
- ein zuverlässig und professionell arbeitender Mensch sind und
- über Teamfähigkeit und Führungskompetenz verfügen.

Den Interviews in der Verkehrsfliegerei liegen wissenschaftlich erarbeitete Strukturen und Fragetechniken zu Grunde. Die Fragen können an Ihrem biographischen Hintergrund ansetzen. Im weiteren Verlauf des Interviews treten regelmäßig situativ geprägte Fragen hinzu, bei denen Sie Ihr Verhalten in einer selbst erlebten Situation oder Ihr intendiertes Verhalten in einer hypothetischen Situation beschreien sollen.

Die sehr spannende und umfangreiche Methodik der Interviews für Fluglotsen und Piloten ist das Thema unserer weiteren Bücher *SkyTest®* *Airline-Interview* und *SkyTest®* *Airline-Interview – Das Übungsbuch*. In diesen Büchern finden Sie auch Tipps und Hinweise für eine zielführende Vorbereitung auf das Zusammentreffen mit dem Interviewer.

Haben Sie auch an diesem Block8-Teil mit Erfolg teilgenommen, trennt Sie nur noch eine fliegerärztliche Untersuchung (*Medical*) vom Antritt Ihrer Ausbildung zum Fluglotsen bei der Deutschen Flugsicherung.

4 Der FEAST

Der *First European Air Traffic Controller Selection Test (FEAST)* stellt das erste europaweit standardisierte Verfahren zur Eignungsuntersuchung von Ab Initio-Fluglotsen dar. Das eignungsdiagnostische Konzept wurde in den Jahren 2000 bis 2003 von EUROCONTROL entwickelt. Mit FEAST soll auch kleineren Flugsicherungen eine zeitgemäße Methodik für die Durchführung von Auswahlverfahren an die Hand gegeben werden, um im eng vernetzten europäischen Luftraum einheitliche Qualitätsstandards zu schaffen. Inzwischen haben sowohl militärische als auch zivile Air Navigation Service Provider (ANSP) Europas FEAST adaptiert. Das modular aufgebaute Screening zeichnet sich durch eine hohe Einsatzflexibilität aus und kann entweder als eigenständiges Verfahren angewendet oder in bestehende Auswahluntersuchungen integriert werden.

Die Kriterien einer Zulassung zu den Auswahlverfahren, die auf FEAST zurückgreifen, werden von den einzelnen ANSP festgesetzt. EUROCONTROL setzt FEAST seit 1. Januar 2006 auch im eigenen ATCO-Screening ein. Zugelassen werden Bewerber, die Staatsbürger eines EUROCONTROL-Mitgliedsstaates sind, über einen höheren Schulabschluss verfügen, überdurchschnittliche Englischkenntnisse nachweisen können und nicht älter als 25 Jahre sind. Die Ausbildung zum Fluglotsen nach einer erfolgreichen Teilnahme am EUROCONTROL-Auswahlverfahren dauert rund 2,5 Jahre.

Im Durchschnitt nehmen mehr als 3.000 Bewerber im Jahr an Eignungsuntersuchungen teil, in denen der FEAST eingesetzt wird. Die Bedeutung des standardisierten Verfahrens wird nach in den kommenden Jahren noch weiter zunehmen.

Im Mittelpunkt der FEAST-Eignungsuntersuchung stehen die Leistungsgebiete der situativen und selektiven Aufmerksamkeit und Planungs- und Entscheidungsfähigkeit. Der FEAST erstreckt sich auf insgesamt vier Untersuchungsabschnitte. Den Ausgangspunkt des Verfahrens bildet die Stufe I, in der zugelassene Teilnehmer in sechs kognitiven Leistungstests eine grundlegende Eignungsabklärung durchlaufen. In Stufe II folgen bereits eng am späteren Tätigkeitsfeld angelehnte Multi-Tasking-Tests. In Stufe III des FEAST-Auswahlverfahrens wird ein situationsbezogenes, halbstrukturiertes Bewerberinterview geführt. Das Eignungstestverfahren schließt in Stufe IV mit einer flugmedizinischen Untersuchung und einer Überprüfung der Bewerber auf sonstige Zulassungsvoraussetzungen nach den Regeln nationaler Gesetzgebung ab.

4.1 Stufe I

FEAST Stufe I umfasst sechs Leistungstests, welche den folgenden Untersuchungskategorien zuzuordnen sind:

▩ Konzentrationsvermögen und Aufmerksamkeit
▩ Psychomotorik und Mehrfacharbeit
▩ Räumliches Vorstellungsvermögen
▩ Mehrfacharbeit
▩ Logisches Denken

Damit deckt FEAST bereits in Stufe I wesentliche Gebiete der fliegerischen Eignungsdiagnostik ab. Kritiker des FEAST sehen jedoch in dem Verzicht auf eine Einbeziehung der gerade für Fluglotsen ebenfalls wichtigen Eignungskriterien Links-Rechts-Koordination und Kopfrechnen in das Verfahren einen konzeptionellen Mangel. Flugsicherungen, die FEAST in ihre Auswahlverfahren eingebunden haben, ergänzen die Eignungsuntersuchung allerdings regelmäßig um eine Feststellung auch dieser Kriterien.

Die Tests der FEAST Stufe I werden in einer Sequenz von rund 150 Minuten durchlaufen. Abhängig vom Auswahlverfahren, in dem FEAST angewendet wird, können Einsatz und Ablauf der Module auch in ergänzende Untersuchungen eingegliedert sein.

Koordinatensystemtest

Ziel des *Koordinatensystemtests* ist es, unter Zeitdruck Entfernungen und Kursrichtungen korrekt zu bestimmen. Auf dem Bildschirm wird ein Gitternetz eingeblendet, das ein Koordinatensystem darstellt. Die vertikalen Linien dieses Koordinatensystems sind durch Buchstaben, die horizontalen Linien durch Zahlen gekennzeichnet. Die Bezeichnung eines Schnittpunkts zweier Linien setzt sich aus dem entsprechenden Buchstaben der Spalte und der entsprechenden Zahl der Reihe zusammen. So wird der Punkt, an dem sich die dritte vertikale und die zweite horizontale Linie kreuzen, als „C2" bezeichnet.

Im Koordinatensystem sind je nach Aufgabenstellung mehrere Flugzeuge und Kontrollpunkte zu sehen. Flugzeuge werden als Kreis mit angefügter Linie dargestellt, welche die aktuelle Flugrichtung symbolisiert. Die Flugzeuge sind durch eine zugeordnete Flugnummer gekennzeichnet. Auch Kontrollpunkte, welche durch Dreiecke dargestellt werden, besitzen eine Kennzeichnung aus dem ICAO-Alphabet.

Ihre Aufgabe besteht aus drei Teilen: dem Abschätzen von Distanzen zwischen zwei Punkten, dem Abschätzen von Kursen zur Anpeilung eines bestimmten Zielpunkts und dem Abschätzen von Rotationswinkeln, um vom gegenwärtigen Kurs aus einen neuen Kurs anzusteuern. In einem ersten Bearbeitungsschritt sollten Sie zunächst alle Objekte und Punkte auf dem Bildschirm lokalisieren. Dann ist es Ihnen möglich, je nach Aufgabenstellung entweder Entfernungen, Kurse oder Rotationen zwischen zwei Punkten zu schätzen. Die Beantwortung der Aufgaben erfolgt im Multiple-Choice-Verfahren aus vier vorgegebenen Lösungsmöglichkeiten.

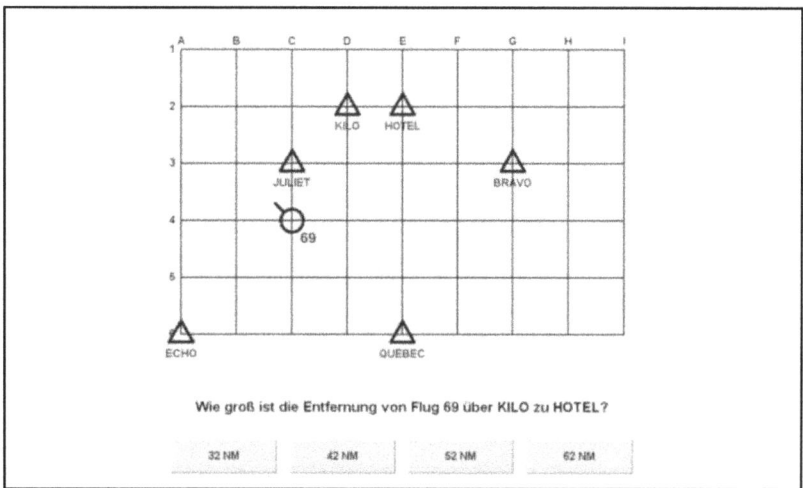

Beispielaufgabe in der SkyTest® Software: Die richtige Antwort lautet 32 NM.

✐ Beispiele:

Für die Ermittlung von Distanzen sollten Sie sich vorher die Längen von Diagonalen und anderen wichtigen Strecken vergegenwärtigen. Angenommen, der Abstand zweier Gitternetzlinien beträgt 10 NM, dann beträgt die Länge der Diagonale in einem Planquadrat ca. 14 NM (ergibt sich aus $\sqrt{10^2 + 10^2}$). Ein anderes Beispiel: Wenn eine Strecke durch zwei nebeneinander liegende, horizontal angeordnete Planquadrate von links oben nach rechts unten verläuft, beträgt ihre Länge etwa 22 NM (= $\sqrt{20^2 + 10^2}$).

Mehrfachaufmerksamkeitstest

Beim *Mehrfachaufmerksamkeitstest* werden Ihr Konzentrationsvermögen und Ihre Fähigkeit, mehrere voneinander unabhängige Bildschirmbereiche gleichzeitig zu beobachten, getestet. Beide Faktoren orientieren sich eng an denjenigen Fähigkeiten, welche bei Ihrer späteren Tätigkeit als Fluglotse unerlässlich sind.

Auf dem Monitor werden in abgeschlossenen Schirmen jeweils ein Balken und ein Kreis dargestellt, die sich mit wechselnder Geschwindigkeit und Richtung bewegen. Ihre Aufgabe ist es, immer dann mit einer dem jeweiligen Schirm zugeordneten Eingabe zu reagieren, wenn auf dem Schirm der Kreis durch den Balken wandert oder sich Kreis und Balken zumindest berühren (kritisches Ereignis). Dazu ist auf der Tastatur möglichst schnell die Zifferntaste des entsprechenden Schirms zu drücken, in dem sich die beiden Objekte kreuzen.

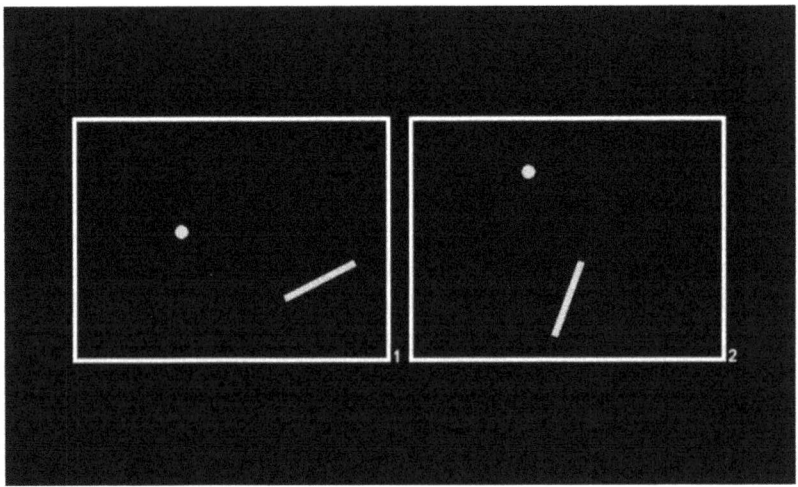

Der Mehrfachaufmerksamkeitstest in der SkyTest® Trainingssoftware

Stellen Sie sich darauf ein, dass im Verlauf des Tests die Anzahl der Schirme zunimmt, in denen sich Balken und Kreise bewegen. So ist möglich, dass Sie gegen Ende des Tests gleichzeitig vier statt anfangs nur einen Schirm beobachten müssen. Während des Tests erhalten Sie – abgesehen von der Einführungsphase – kein Feedback, ob Ihre Eingaben richtig oder falsch waren.

Achten Sie bei Ihren Eingaben darauf, dass Sie diese stets in der Reihenfolge vornehmen, in der die kritischen Ereignisse aufgetreten sind.

Planungsfähigkeitstest

Der *Planungsfähigkeitstest* stellt ein recht anspruchsvolles diagnostisches Modell dar. Im Kern zielt der Test darauf ab, Planungsvermögen und Entscheidungsprozesse der Teilnehmer in dynamischen Szenarien unter Zeitdruck festzustellen. Dazu werden Ihnen auf dem Bildschirm abstrahierte Lufträume gezeigt, die über mehrere Kontrollpunkte und Landebahnen verfügen.

Ihre Aufgabe ist es, unterschiedliche Fragestellungen zu startenden oder landenden Flugzeugen im Multiple-Choice-Verfahren zu beantworten, indem Sie aus einem vorgegebenen Standbild unter Beachtung mehrerer Regeln gedanklich einen möglichen Ablauf des Szenarios entwickeln. Hierzu müssen Sie Flugzeuge in Gedanken Schritt für Schritt über die vorgegebenen Luftstraßen zur nächstgelegenen Landebahn leiten.

Das Gesamtsystem unterliegt dabei Regeln und Bedingungen, die Sie bei der Planung der Flugszenarien berücksichtigen müssen.

Regeln unterscheiden sich von den weiter unten erklärten Bedingungen (Sonderregeln) in ihrem Kriterium der permanenten Gültigkeit. So sind Regeln unabhängig von der tatsächlichen Aufgabenstellung stets zu beachten, auch wenn sie nicht ausdrücklich mit der Aufgabe angegeben werden. Folgende Regeln können bei der Lösung eines Szenarios zu beachten sein:

▨   Flugzeuge dürfen die Routen anderer Flugzeuge nicht kreuzen, sofern sich diese zeitgleich begegnen würden. Auch dürfen sich zwei Flugzeuge nicht entgegenfliegen bzw. zwischen zwei Kontrollpunkten begegnen.

▨ Das Überfliegen von Landebahnen ist verboten.

▨ Auf jedem Kontrollpunkt darf sich maximal nur ein Flugzeug gleichzeitig befinden.

▨ Flugzeuge dürfen auf Kontrollpunkten über mehrere Schritte hinweg verharren.

▨ Steuern zwei Flugzeuge denselben Kontrollpunkt an, hat das- jenige Vorrang, welches die höhere Geschwindigkeit aufweist (darf ihn also zuerst belegen).

▨ Landende Flugzeuge haben Vorrang vor startenden Flugzeu- gen. Dies bedeutet, dass auf jeder Piste erst jeweils alle Flugzeuge gelandet sein müssen, bevor ein sich dort befin- dendes Flugzeug starten darf.

▨ Auf einer Landebahn dürfen sich zeitgleich mehrere Flugzeu- ge befinden.

Bedingungen, auch als Sondermeldungen bezeichnet, dienen da- zu, das Aufgabenszenario einzuschränken und zu spezifizieren. So ist es unter anderem möglich, dass durch Bedingungen ansonsten gültige Regeln außer Kraft gesetzt werden. Zum Beispiel kann lang- sameren Flugzeuge per Bedingung Vorrang vor schnelleren Maschi- nen eingeräumt werden. Sollten Sie eine nur anfangs zeitweilig ein- geblendete Bedingung vergessen, können Sie sich diese erneut anzeigen lassen; dies ist aber in der Regel mit einem Zeitverlust sowie einer Abwertung verbunden.

Im Folgenden werden Ihnen mögliche Bedingungen vorgestellt. Diese besitzen bezüglich ihrer Anwendung unterschiedliche Prioritäten. Die nachfolgende Liste weist die Bedingungen daher in absteigender Priorität aus:

▨ Flugzeuge, die sofort landen müssen:

☐ Ein Flugzeug muss aufgrund eines Notfalls sofort landen. Dieses hat grundsätzlich Vorrang vor allen anderen Flugzeugen, unabhängig von weiteren Bedingungen.

☐ Flugzeuge, deren Geschwindigkeit höchstens den angegebenen Wert besitzt, sollen sofort landen. Betroffene Flugzeuge haben grundsätzlich Vorrang vor allen anderen Flugzeugen (ausgenommen Flugzeuge mit Notfällen).

▨ Regelung des Vorrangs:

☐ Schnellere oder langsamere Flugzeuge haben Vorrang, wenn zwei Flugzeuge denselben Punkt ansteuern.

☐ Startende Flugzeuge haben Vorrang vor landenden.

▨ Regelung, welche Flugzeuge aufgrund ihrer Geschwindigkeiten landen bzw. nicht landen dürfen:

☐ Angabe von Mindestgeschwindigkeiten oder Geschwindigkeitsbereichen mit entsprechender Landeerlaubnis- oder -verweigerungsangabe.

▨ Schließungen:

☐ Wenn Landebahnen geschlossen sind, dürfen diese nicht mehr angeflogen werden. Stattdessen ist die nächstgelegene Landebahn zu wählen.

☐ Wenn Kontrollpunkte gesperrt sind, dürfen diese nicht überflogen werden. In diesem Fall ist die kürzeste Ausweichroute zu wählen.

✎ Beispiel

Unabhängig von einer konkreten Fragestellung ist im folgenden Beispiel Schritt für Schritt dargestellt, wie sich drei Flugzeuge unter Berücksichtigung dreier vorgegebener Bedingungen durch den Luftraum bewegen. Die hier angewendeten Bedingungen lauten:

▨ Flugzeuge mit einer Geschwindigkeit zwischen 100 kn und 160 kn dürfen nicht landen.
▨ Schnellere Flugzeuge haben Vorrang.
▨ Flugzeug 97 muss aufgrund eines Notfalls sofort landen.
▨ · Folgende Grafiken zeigen den Ablauf des Szenarios.

Schritt 0:

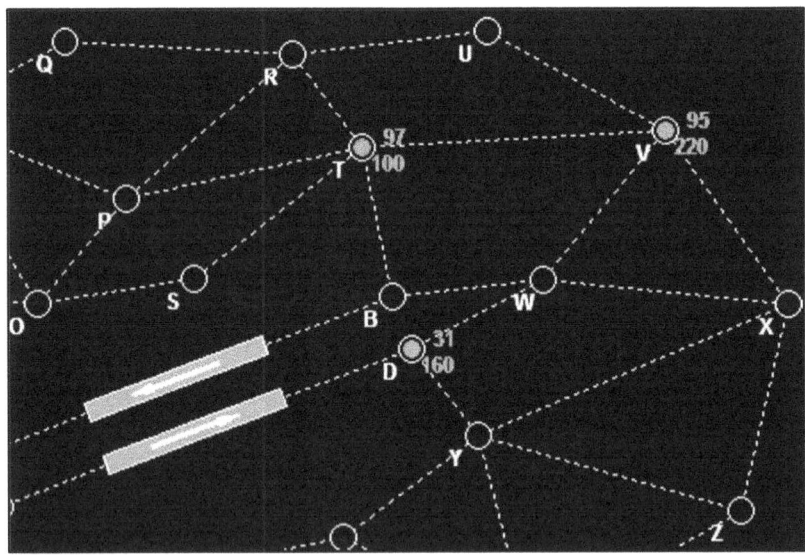

Ausgangssituation: Die Landerichtung beider Pisten ist entgegengesetzt. Für alle drei Flugzeuge wäre Runway „Nord" die nächstgelegene offene Landebahn. Aufgrund der ersten Bedingung darf Flugzeug 31 nicht landen und braucht nicht weiter berücksichtigt werden.

Schritt 1:

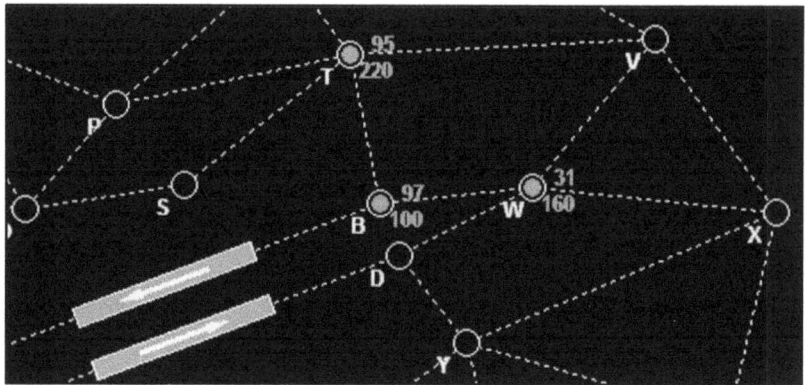

Flugzeug 97 hat aufgrund eines Notfalls Vorrang und steuert schnellstmöglich die Landebahn „Nord" an. Die Notfall-Sondermeldung überwiegt der ersten Bedingung, weshalb das Flugzeug trotz seiner Geschwindigkeit von 100 kn landen darf.

Schritt 2:

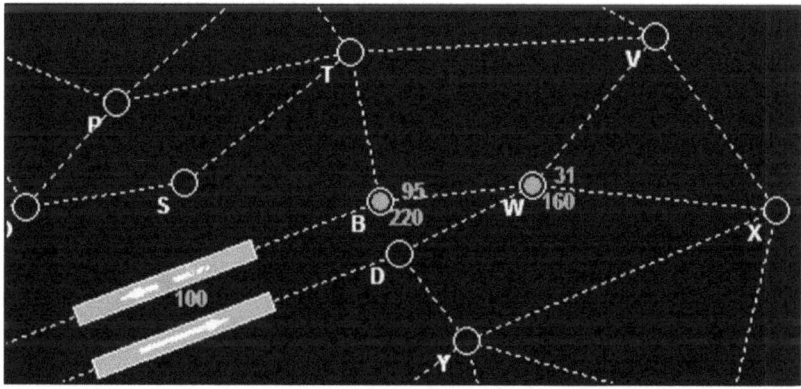

Da bereits in Schritt 1 der Kontrollpunkt W durch Flugzeug 31 belegt ist, wählt Flugzeug 95 den als genauso weit einzustufenden Weg über T. Sollten sowohl Flugzeug 95 als auch ein weiteres (hier nicht vorhandenes) Flugzeug denselben Kontrollpunkt ansteuern, hätte aufgrund der zweiten Bedingung das schnellere Flugzeug Vorrang.

Schritt 3:

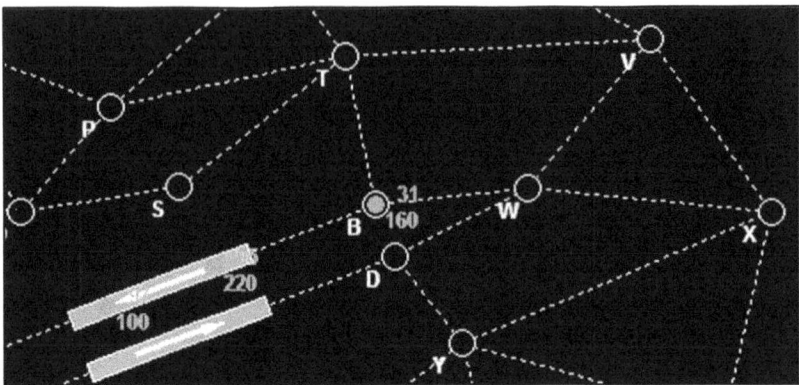

Ende des Szenarios: Die beiden zu landenden Flugzeuge 97 und 95 sind nun wie vorgesehen gelandet. Während des gesamten Szenarios durfte Flugzeug 31 nicht landen, aber beliebige andere Kontrollpunkte ansteuern.

Bitte bedenken Sie, dass Ihnen in der Aufgabenstellung nur die in der ersten Grafik dargestellte Ausgangssituation angegeben wird und Sie sich die Folgeschritte gedanklich erarbeiten müssen.

Zu jedem Szenario können verschiedene Fragen gestellt werden. Ist beispielsweise gefragt, welches Flugzeug als letztes landet, dann ist in diesem Szenario „Flugzeug 95" auszuwählen. Wird hingegen die Anzahl der Kontrollpunkte gesucht, die Flugzeug 97 auf seinem Weg zu Landebahn „Nord" überfliegt, so ist dies mit „1" zu beantworten. Eine weitere Fragestellung wäre, welche Flugzeuge vor Flugzeug 31 landen. Da dieses aufgrund von Bedingung 1 (zunächst) nicht landet, lautet die Lösung hierfür „Flugzeug 95 und 97".

Regeln lernen und anwenden

Merkfähigkeit, Konzentrationsvermögen und Psychomotorik sind Gegenstand des Tests *Regeln lernen und anwenden*, bei dem gegebene Symbole oder Zahlen diversen Lösungselementen unter Beachtung vorgegebener Regeln zugeordnet werden sollen. Dazu wird Ihnen zu Beginn des Tests zunächst eine Regel genannt, bevor anschließend mehrere Symbole nacheinander eingeblendet werden.

Der Test besteht insgesamt aus zwei Teilen. Im ersten Teil werden unterschiedlich gefärbte Formen (Symbole) eingeblendet, die auf Grund ihrer Eigenschaften Form und Farbe Referenzobjekten zuzuordnen sind. Im zweiten Teil werden statt der Symbole Zahlen angezeigt, die unterschiedlichen Zahlenbereichen (Kategorien) zugeordnet werden müssen. Als Kriterien sind hier der Wert der gezeigten Zahl, ihre Quersumme, enthaltene oder nicht enthaltene Ziffern sowie ihre Farbe relevant. Jedes Symbol muss gemäß der vorgegebenen Regel einem Antwortbutton im Multiple-Choice-Verfahren zugewiesen werden. Während des Testverlaufs können weitere Regeln aufgestellt werden, die eine Veränderung der Zuordnungsvorschrift nach sich ziehen. Es werden zwei Regelarten unterschieden.

Als Grundregel werden Vorschriften bezeichnet, die die grundlegende Zuordnung der angezeigten Symbole bzw. Zahlen zu den Antwortbuttons beschreiben. Diese geben an, ob die Zuordnung aufgrund der Form, der Farbe oder des Zahlenwerts geschieht. Ein Beispiel für eine Grundregel wäre: „Ordnen Sie die angezeigten Elemente ihrer Form zu." In diesem Fall ist bei den Antwortbuttons immer derjenige anzuklicken, der ein Symbol derselben Form wie das eingeblendete Symbol darstellt. Die Farbe des Symbols im Antwortbutton ist dabei unerheblich.

Ergänzend können Sonderregeln greifen, die sich entscheidend auf die zu bestimmende Zuordnung auswirken. So ist möglich, dass beispielsweise alle Kreise als Quadrate oder alle Zahlen mit einer Quersumme kleiner als 10 einer anderen Kategorie zuzuordnen sind.

Würfelklappentest

Der *Würfelklappentest* ist ein Test zur Bestimmung Ihres räumlichen Vorstellungsvermögens. Das Prinzip des Würfelklappentests ist recht einfach: Sie erhalten eine aufgeklappte Würfelgrundfläche, müssen diese gedanklich zusammensetzen und anschließend entscheiden, ob der Würfel einem von zwei Vergleichswürfeln entspricht oder nicht.

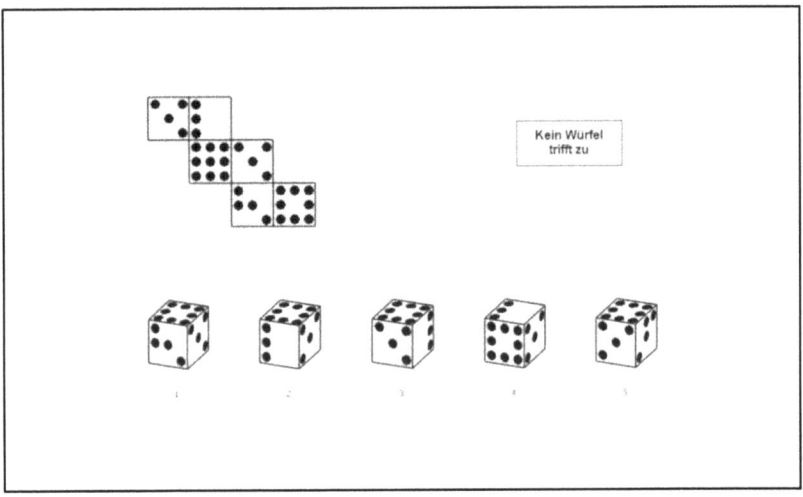

Bei dieser Aufgabenstellung aus der SkyTest® Trainingssoftware ist Antwortmöglichkeit 2 richtig.

Auf den Seiten der Würfel werden Sie im Regelfall keine klassische Bepunktung wie in dieser Abbildung vorfinden, sondern eine Markierung mit farbigen Pfeilen. Der Test wird unter einem gewissen Zeitdruck durchgeführt. In einem Durchlauf bearbeiten Sie 36 Einzelaufgaben mit unterschiedlichen Würfelgrundflächen. Für jede

Aufgabe haben Sie maximal 40 Sekunden Zeit, Ihre Entscheidung zu treffen. Sobald Sie Ihre Antwort übermittelt haben, springt der Test direkt zur nächsten Aufgabe. Sie sollten für ein gutes Ergebnis das Zeitlimit nicht ausschöpfen – je schneller Sie eine korrekte Entscheidung treffen, desto besser wird Ihr Gesamtergebnis in diesem Test ausfallen.

Verstehen großer Zahlen und Englischkenntnisse

Der Aufbau *Verstehen großer Zahlen* ist am Übergang zwischen kognitiven Leistungstests und den Englischprüfungen im Rahmen der Stufe I einzuordnen. In dem Test werden akustisch Sätze in englischer Sprache wiedergegeben, die je nach Schwierigkeitsgrad eine vier- bis sechsstellige Zahl enthalten. Ihre Aufgabe besteht darin, in vier Antwortmöglichkeiten die genannte Zahl wiederzuerkennen.

Ausschließlich auf Feststellung der englischen Sprachkenntnisse der Teilnehmer sind drei weitere Tests ausgerichtet. Ein Test stellt dabei auf Textverständnis ab. Dem Kandidaten wird eine Kurzgeschichte mit Bezug zu einem Luftfahrtthema in Englisch vorgelesen, zu der anschließend Fragen gestellt werden. Ein wenig komplexer gestaltet sich ein Anschlusstest, in dem lediglich ein Satz vorgelesen wird, der eine Aussage enthält. Achten Sie auf Satzstellung und Grammatik, um die Aussage richtig zu erfassen und schließlich in einer Multiple-Choice-Auswahl wiederzuerkennen. In einem dritten Englischtest ist es Ihre Aufgabe, ein fehlendes Wort in einem vorgelesenen Satz zu ergänzen.

4.2 Stufe II

Im Durchschnitt sind 30 Prozent aller getesteten Bewerber in FEAST Stufe I erfolgreich und werden zur Folgeuntersuchung FEAST II eingeladen. Bis 1. Juli 2011 bestand FEAST II aus einem Flugstreifentest, wie er bereits in Kapitel 3 *DFS Deutsche Flugsicherung* (S. 13) vorgestellt wurde. Inzwischen wurde der Flugstreifentest in FEAST II vom *Dynamischen Radartest (DART)* und vom *Multi Control Test (MCT)* abgelöst.

4.2.1 Dynamischer Radartest

Der *Dynamische Radartest* ist wie sein Vorgänger eng an das spätere Aufgabenbild eines Fluglotsen angelehnt. Grundlegendes Ziel des Tests ist es, Flugverkehr in einem abgegrenzten Luftraum sicher, präzise und effizient über Kontrollpunkte zu leiten. Im Dynamischen Radartest werden die individuellen Fähigkeiten eines Bewerbers festgestellt, sich entwickelnde Szenarien richtig zu bewerten und Entscheidungen abzuleiten.

Der Test setzt an einem Radarbild mit Ringen im Abstand von 10 NM zueinander an, in das mehrere Flugzeuge einfliegen. Das Radarbild wird in Intervallen aktualisiert. Aktive Flugzeuge sind als grüne Rechtecke gekennzeichnet und können Anweisungen des Lotsen empfangen. Als graue Rechtecke gekennzeichnete passive Flugzeuge können nicht angesprochen werden. Ihr Flugweg muss aber stets berücksichtigt werden, um Verkehrskonflikte zu vermeiden. Aktive Flugzeuge weisen sich mit ihrer Flugnummer (oberhalb des Rechtecks), ihrem gegenwärtigen Heading (links unterhalb des Rechtecks) sowie ihrer gegenwärtigen Flughöhe (rechts unterhalb des Rechtecks) aus. Passive Flugzeuge übermitteln nur ihre Flughöhe.

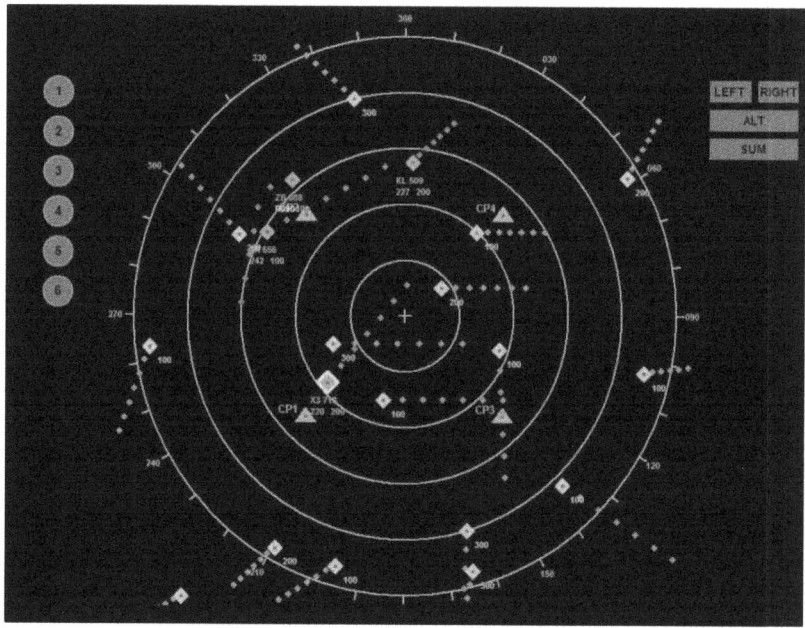

Screenshot des DART-Trainingsmoduls aus der SkyTest® Trainingssoftware

Der Verkehr im gedachten Luftraum muss möglichst exakt über eine Reihe von Kontrollpunkten geleitet werden. Kontrollpunkte werden auf dem Radarbild als gelbe Dreiecke dargestellt. Sie werden als CP1, CP2, CP3, ... gekennzeichnet und müssen in eben dieser Reihenfolge überflogen werden. Passiert ein aktives Flugzeug den letzten Kontrollpunkt, wird es in ein passives Flugzeug umgewandelt. Der Test endet, sobald alle aktiven Flugzeuge die Kontrollpunkte überflogen haben.

Aktive Flugzeuge werden in drei Schritten angewiesen, Ihre Richtung beziehungsweise Höhe zu ändern:

1. Auswahl des angesprochenen Flugzeugs mit dem Cursor

2. Bestimmung der Drehrichtung (LEFT / RIGHT) bzw. Auswahl der Höhe (ALT) über die entsprechenden Buttons

3. Eingabe eines neuen Heading als Gradzahl bzw. Auswahl der neuen Höhe (FL) mit den entsprechenden Buttons

Die Leistung eines Teilnehmers im Dynamischen Radartest wird an den Kriterien Sicherheit (Konfliktvermeidung), Präzision und Effizienz gemessen.

Kriterium Sicherheit (Konfliktvermeidung)

Das Verkehrsszenario muss fortlaufend auf sich anbahnende horizontale oder vertikale Konflikte zwischen Flugzeugen überprüft werden. Ein horizontaler Konflikt entsteht, wenn zwei Flugzeuge einen horizontalen Abstand von 2,5 NM zueinander unterschreiten. Als vertikaler Konflikt werden Situationen definiert, in denen sich zwei Flugzeuge auf gleicher Flughöhe (FL) befinden. Ein Eingreifen in den Verkehr ist immer dann erforderlich, wenn beide Kriterien zutreffen. In einen Konflikt involvierte Flugzeuge werden rot markiert. Spätestens jetzt muss ein Flugzeug auf einen neuen Kurs oder eine andere Höhe umgeleitet werden, um eine drohende Kollision abzuwenden.

Kriterium Präzision

Ein Überflug über einen Kontrollpunkt wird nur dann gewertet, wenn das Flugzeug den Kontrollpunkt innerhalb eines Toleranzradius von 2,5 NM passiert. Die Flughöhe am Kontrollpunkt kann frei gewählt werden.

Kriterium Effizienz

Für die Wege zwischen den Kontrollpunkten soll den Flugzeugen stets der direkte Kurs zugewiesen werden.

Sekundäraufgabe

Der Dynamische Radartest umfasst neben der bereits anspruchsvollen Koordination des Verkehrs eine Sekundäraufgabe, mit welcher der Test auch den Leistungsbereich der geteilten Aufmerksamkeit anspricht. Eine Computerstimme liest den Teilnehmern eine fortlaufende Sequenz aus einstelligen Zahlen und Buchstaben vor. Deren Aufgabe ist es, alle unmittelbaren Zahlenpaare innerhalb der Kette miteinander zu addieren und die Ergebnisse fortlaufend über die Eingabe *SUM – Ergebnis – ENTER* zu übermitteln.

📝 Beispiel

Folgende Sequenz wird akustisch ausgegeben:

K T 2 H 5 S 8 3 J M U W L S 4 7 Q J C E 5 G …

Es ergeben sich folgende Zahlenpaare und Additionen:

$2 + 5 = 7$ $3 + 4 = 7$

$5 + 8 = 13$ $4 + 7 = 11$

$8 + 3 = 11$ $7 + 5 = 12$

4.2.2 Multi Control Test

Der Multi Control Test schafft ein Umfeld, das Ihre Aufmerksamkeit in gleich drei Teilaufgaben bindet. Im Mittelpunkt steht das Management von Verkehrsbewegungen in einem Sektor. Über vier Wegpunkte – A, B, C und D – fliegen Flugzeuge in den Kontrollraum ein und verlassen ihn später über die finalen Wegpunkte FN oder FS. Jedem Flug ist ein Flugstreifen zugeordnet. Im Verkehrsbild können jederzeit Konflikte auftreten.

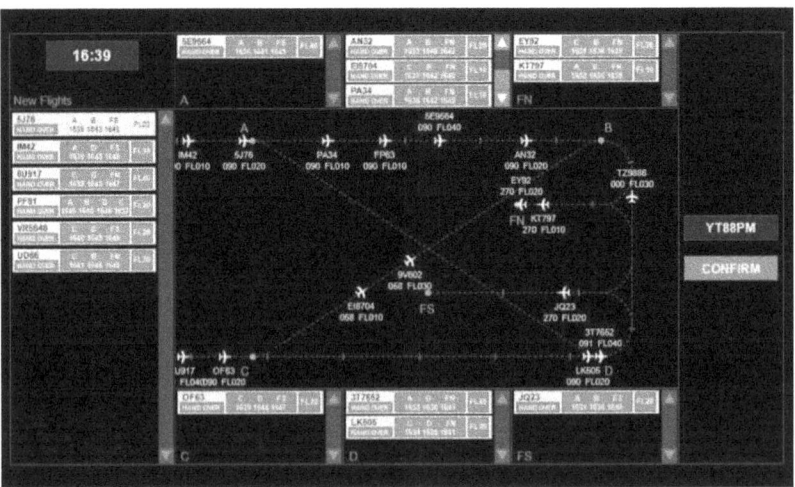

Multi Control Test in der SkyTest® Trainingssoftware

Ihre Aufgaben sind:

- Navigation über Flugstreifen
- Erkennen und Lösen von Konflikten
- Bearbeitung einer Audioaufgabe

68

Navigation

Kurz bevor ein neues Flugzeug in Ihren Kontrollsektor einfliegt, wird am linken Bildschirmrand ein zugehöriger Flugstreifen eingespielt. Aus dem Flugstreifen gehen folgende Informationen hervor:

- Flugnummer
- Flughöhe (als Flightlevel)
- Flugroute
- Zeiten beim Erreichen der nächsten Wegpunkte
- Ein Übergabe-Button (Handover)

Jedem Wegpunkts ist eine Box zugeordnet. Neue Flugstreifen müssen Sie innerhalb einer Minute in die Box des Wegpunkts einsortieren, den das Flugzeug als erstes passieren wird. Nach dem Überflug des Wegpunkts ziehen Sie den Flugstreifen in die Box des nächsten im Flugstreifen vermerkten Wegpunkts.

Vor dem letzten Wegpunkt FN oder FS weisen Sie dem Flugzeug über den Flugstreifen die Höhe FL10 zu. Sobald das Flugzeug einen der finalen Wegpunkte FN oder FS überflogen hat, klicken Sie den *Handover*-Button – nach dieser Übergabe sind Sie nicht länger für das Flugzeug verantwortlich.

Die sorgfältige Sortierung aller Flugstreifen über rund 45 Minuten Testdauer erfordert viel Konzentration – immerhin können sich zwischenzeitlich bis zu 20 Flugzeuge in Ihrem Sektor tummeln. Hektik sollte trotzdem nicht aufkommen, das Verkehrsbild entwickelt sich verhältnismäßig langsam – vom Eintritt bis zum Verlassen befindet sich ein Flugzeug etwa sieben Minuten in Ihrem Sektor.

Konflikte

Einige Flugstreifen bieten die Möglichkeit zur Änderung der Flugroute. Das wird immer dann relevant, wenn zwei Flugzeuge auf einen *lokalen* oder *oppositen* Konflikt zusteuern. Ein lokaler Konflikt
liegt vor, wenn zwei Flugzeuge im Abstand von einer Minute oder
weniger denselben Zielpunkt (z.b. FN) ansteuern oder sich generell
im Luftraum annähern. Ein oppositer Konflikt tritt ein, wenn sich
Flugzeuge auf einer Luftstraße entgegenkommen.

Flugzeuge in einem akuten Konflikt blinken. Lösen Sie den Konflikt dann nicht auf, kommt es zu einem Unfall. Um das zu vermeiden
haben Sie zwei Möglichkeiten. Sie können jeden Konflikt entschärfen,
indem Sie den Flugzeugen über die Flugstreifen unterschiedliche
Flughöhen zuweisen. Dies ist allerdings nur eine vorübergehende
Lösung – spätestens vor FN oder FS müssen Sie die Flüge ja wieder
auf dieselbe Höhe (FL10) setzen. Sinnvoller ist es daher, einen al-
ternativen Kurs für ein Flugzeug zu finden und ihm diesen Umweg
per Eingabe am Flugstreifen zuzuweisen.

Audioaufgabe

Während des Tests tragen Sie Kopfhörer. Von Zeit zu Zeit weist
sie ein Tonsignal auf einen neuen Code am rechten Bildschirmrand
hin – eine sechsstellige Kombination aus Buchstaben und Zahlen,
die Sie sich merken müssen. Der Code wird nun ausgeblendet und
eine Stimme liest Ihnen mehrere Codes nacheinander vor. Erkennen
Sie die anfängliche Kombination wieder, klicken Sie den Button *Con-
firm*, ebenfalls am rechten Bildschirmrand. Die Audioaufgabe geht
gleichgewichtet in die Auswertung ihrer Gesamtleistung ein.

4.3 Stufe III und IV

In FEAST Stufe III wird ein situatives, halbstrukturiertes Interview mit den in FEAST II erfolgreichen Teilnehmern geführt. Im Interview werden insbesondere persönlichkeitsbezogene Eignungsmerkmale wie Kommunikationsfähigkeit, Motivation/Zielstrebigkeit, Teamfähigkeit, Sozialkompetenz und Eignung zur Arbeit in regulierten Systemen festgestellt. Verschaffen Sie sich vor dem Interview unbedingt umfangreiches Vorwissen über Organisation, Strukturen und Aufgaben der Flugsicherung, bei der Sie sich bewerben.

FEAST Stufe IV schließt das Auswahlverfahren mit einer flugmedizinischen Untersuchung sowie einer Überprüfung der Bewerber auf Einhaltung sonstiger Zulassungsvoraussetzungen nach nationalen Gesetzen und internationalen Standards ab.

5 Austro Control

Die österreichische Luftraumüberwachung Austro Control gehörte zu den ersten Flugsicherungen in Europa, welche den FEAST in ihr Auswahlverfahren übernahmen. Grundvoraussetzungen einer Bewerbung im Ab Initio-Programm der Austro Control sind ein Eintrittsalter zwischen 18 und 25 Jahren und die Europäische Staatsbürgerschaft. Das Screening selbst ist vierstufig aufgebaut und beginnt mit einer verhältnismäßig komplexen Vorselektion, in deren Rahmen u.a. Testverfahren aus FEAST Stufe I und II eingesetzt werden.

Erfolgreiche Teilnehmer der Vorselektion durchlaufen in der Hauptselektion ergänzende Leistungs- und Persönlichkeitstests einschließlich eines Interviews. Nach einer flugmedizinischen Untersuchung endet das Auswahlverfahren von Austro Control mit einem Assessment Day, an dem in Team- und Gruppenaufgaben Sozialverhalten und -kompetenz der Teilnehmer untersucht werden.

5.1 Die Vorselektion

Die Vorselektion wird an einem Testtag direkt bei Austro Control durchgeführt und dauert etwa neun Stunden. Austro Control greift in der grundlegenden Eignungsabklärung auf die standardisierten Testverfahren der Stufe I des FEAST-Konzepts zurück. Auch der aus FEAST Stufe II und der Vorauswahl im Auswahlverfahren der Deutschen Flugsicherung bekannte Flugstreifentest ist Teil der Vorselektion. Insoweit wird auf die Ausführungen in Kapitel *4.1 Der FEAST – Stufe I* (S. 51) und *3.1.2 Die Vorauswahl – Spezifische Leistungstests* (bei *DFS Deutsche Flugsicherung, S. 32*) verwiesen.

Die aus FEAST entliehen Module werden in diesem Abschnitt des Austro Control-Auswahlverfahrens durch vier besondere Leistungstests aus dem Feld der Arbeitssoziologie ergänzt, die im Folgenden näher vorgestellt werden. Auch ein Persönlichkeitsfragebogen ist Bestandteil der Vorselektion, ebenso wie ein Abschlussgespräch mit Interviewcharakter, in dem den einzelnen Teilnehmern auch die in den vorausgegangenen Leistungstests erzielten Ergebnisse mitgeteilt werden.

Flächenvergleichstest

Beim *Flächenvergleichstest* müssen unregelmäßige Formen auf ihre Größe hin verglichen werden. Dazu werden zwei Grafiken dargestellt, die je eine abgeschlossene Fläche beschreiben. Ihre Aufgabe ist es, in nicht mehr als etwa 30 Sekunden diejenige Abbildung zu bestimmen, die den größeren Flächeninhalt zeigt.

74

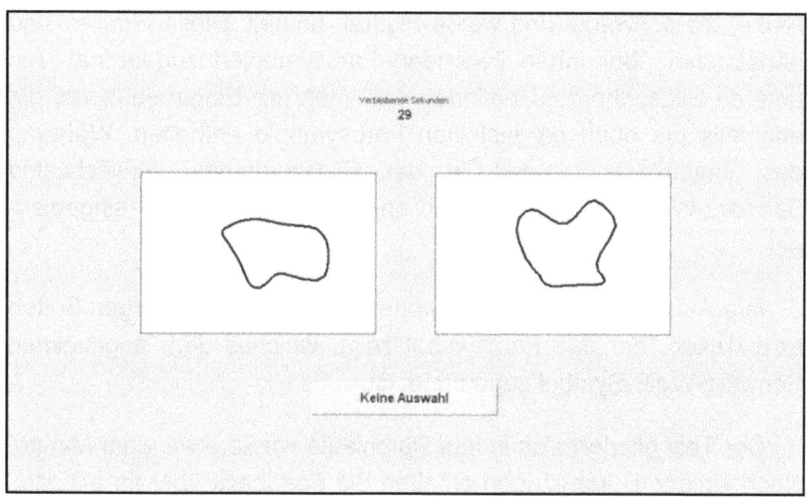

Screenshot des Flächenvergleichstests aus der SkyTest® Trainingssoftware

Der Aufbau des Flächenvergleichstests scheint vordergründig in die Untersuchungskategorien des räumlichen Vorstellungsvermögen und der (optischen) Wahrnehmung einzuordnen zu sein. Tatsächlich geht in die Auswertung auch die Richtigkeit der Eingaben ein. Im Mittelpunkt des Tests stehen demgegenüber allerdings eher Entscheidungsfähigkeit und Dauer der Entscheidungsbildung beim Kandidaten.

Symbolezuordnungstest

Ihre Aufgabe beim *Symbolezuordnungstest* besteht darin, eingeblendete Schwarz-Weiß-Symbole möglichst schnell entsprechenden farbigen Symbolen zuzuordnen. Mit diesem Test werden im Auswahlverfahren Leistungskonstanz und Frustrationstoleranz der Teilnehmer überprüft.

Auf dem Bildschirm sehen Sie am oberen Rand eine Reihe mit mehreren farbigen Symbolen. Darunter befindet sich eine zweite

Reihe, die schwarze und weiße Figuren enthält. Diese Figuren sind jeweils den über ihnen liegenden Farbsymbolen zugeordnet. Am unteren Bildschirmrand befinden sich mehrere Eingabebuttons, die ebenfalls die oben dargestellten Farbsymbole enthalten. Während des Testablaufs werden in der Bildschirmmitte abwechselnd Schwarz-Weiß-Figuren der oben angeordneten Auswahl eingeblendet.

Ihre Aufgabe ist es nun, so schnell wie möglich denjenigen Button anzuklicken, der das Farbsymbol zeigt, welches dem angezeigten Schwarz-Weiß-Symbol zugeordnet ist.

Der Test gliedert sich in fünf Durchläufe von je etwa einer Minute. Nach einigen Durchgängen erhalten Sie Feedback über ihr erzieltes Ergebnis und sollen eine Prognose für die im nächsten Durchgang von Ihnen richtig vorgenommenen Zuordnungen abgeben. Noch während des Tests erhalten Sie Informationen über die Leistung einer (fiktiven) Referenzgruppe bei gleicher Bearbeitungszeit, die regelmäßig stets besser ausfallen wird als ihr gegenwärtiges Ergebnis.

In einem Balken auf der linken Seite wird dabei dargestellt, wie viele Symbole Sie bereits richtig bearbeitet haben. Die zu diesem Zeitpunkt angeblich erbrachte Leistung der Testpersonen wird parallel dazu in einem zweiten Balken auf der rechten Seite dargestellt. Lassen Sie sich dadurch nicht aus der Ruhe bringen. Der suggerierte Unterschied zwischen Ihrer Leistung und der der Referenzgruppe dient einzig dem Zweck, die Arbeitssituation um ein Frustrationselement zu erweitern.

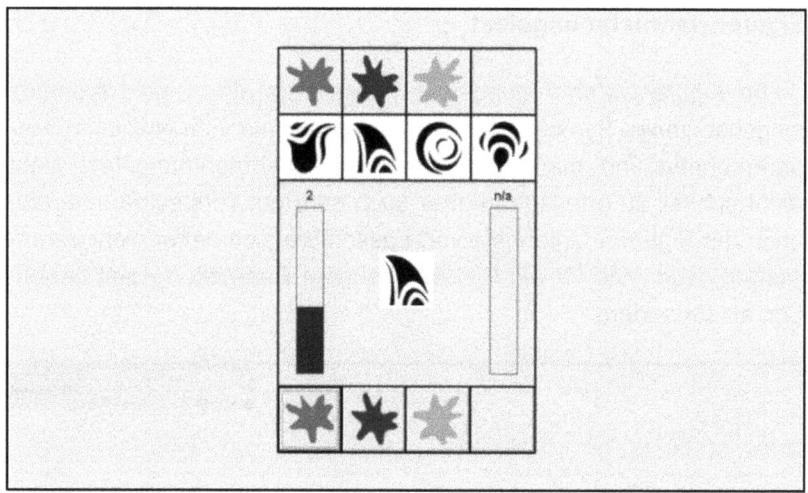

Aufbau des Symbolezuordnungstests in der SkyTest® Trainingssoftware: Die in der oberen Zeile und in den Buttons dargestellten Symbole sind farbig, die Symbole der zweiten Zeile schwarzweiß.

Langzeittest Motivation und Konzentration

Der *Langzeittest Motivation und Konzentration* stellt ein monotones Dauertestszenario auf. Die dem Test zu Grunde gelegte Aufgabe ist bewusst einfach. Auf dem Bildschirm werden Symbolreihen eingeblendet, die jeweils vier Figuren ausweisen. Eine dieser vier Figuren passt (verhältnismäßig augenfällig) nicht in das System der anderen. Diese Figur sollen Sie markieren und anschließend mit der nächsten Symbolreihe fortfahren.

Im Mittelpunkt des Tests steht nicht die Aufgabe an sich, sondern vielmehr Ihre Bereitschaft, mit der monotonen und schnell ermüdenden Tätigkeit fortzufahren. Sie haben jederzeit die Möglichkeit, den Test freiwillig zu beenden, sollten ihn aber bis zu Ihrer Frustrations- bzw. Konzentrationsgrenze fortsetzen.

Figurenwahrnehmungstest

Im *Figurenwahrnehmungstest* müssen Sie ein in ein Liniennetz eingeflochtenes Symbol (zum Beispiel das Haus vom Nikolaus) wiedererkennen und markieren. Der Figurenwahrnehmungstest sieht recht schnell zu erfassende aber auch sehr gut versteckte Integrationen der Figur im Liniennetz vor. Lassen Sie sich daher nicht verunsichern, wenn Sie für ein Bild eine längere Bearbeitungszeit benötigen als für andere.

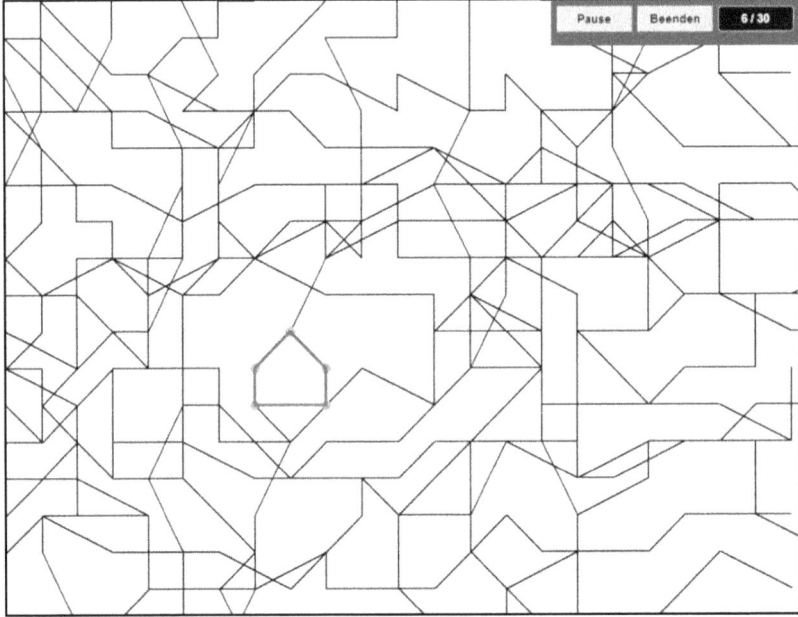

Anzeige der Lösung beim Figurenwahrnehmungstest in der SkyTest® Trainingssoftware. Zuvor sollte das Haus in einem „Durcheinander" von Linien ausfindig gemacht werden.

5.2 Die Hauptselektion

Zur Hauptselektion werden erfolgreiche Teilnehmer der Vorselektion zugelassen. Dieser Abschnitt des Bewerberscreening im Ab Initio-Programm von Austro Control wird von einem externen Institut, dem Kuratorium für Verkehrssicherheit, durchgeführt. In Ergänzung des während der Vorselektion erstellten eignungsdiagnostischen Grundprofils sind in der Hauptselektion Tests aus dem Untersuchungsspektrum kognitiver Fähigkeiten angesetzt. Die Aufbauten stellen insbesondere auf die Leistungsfelder Konzentrationsvermögen und Aufmerksamkeit, Gedächtnisleistung, Räumliches Vorstellungsvermögen, Orientierung, Reaktionsgeschwindigkeit und Arbeit unter Mehrfachbelastung ab.

Der wichtigste Teil der Hauptselektion ist allerdings ein psychologisches Interview. Wiederum sollten Teilnehmer in der Lage sein, im Interview klar ihre Motivation für die Ausbildung und die spätere Tätigkeit als Fluglotse darzulegen. Zudem sollten in das Interview solide Kenntnisse über Organisation und Aufgabenbereiche der Austro Control eingebracht werden. Die Untersuchungen der Hauptselektion werden ebenfalls binnen eines Tages abgeschlossen. Die Ergebnisse werden den Teilnehmern unmittelbar nach Abschluss der Hauptselektion bekanntgegeben.

Das Auswahlverfahren von Austro Control endet mit einer flugmedizinischen Untersuchung und dem sogenannten Assessment Day. Der Assessment Day dient der abschließenden Abklärung des Sozialverhaltens und der persönlichkeitsorientierten Fähigkeiten der verbliebenen Bewerber. Dieser letzte Abschnitt des ATCO-Screening entscheidet über die Zulassung zur Ausbildung zum Fluglotsen bei Austro Control. Am Assessment Day werden in etwa acht Stunden mehrere Gruppen- und Einzelübungen durchgeführt.

Das ansonsten sehr umfassende Bewerberscreening bei Austro Control hält in Vor- und Hauptselektion keine etwa mit dem Dyadic Cooperation Test (DCT) vergleichbaren Computertests zur Untersuchung des Teamverhaltens der Teilnehmer vor. Daher sind gerade in den Gruppenübungen des Assessment Day konstruktive und integrative Beiträge zur Lösung der gestellten Aufgaben wesentliche Erfolgsfaktoren.

6 Skyguide

Die Eignungsuntersuchung für das Ab Initio-Programm der Schweizer Flugsicherung Skyguide ist in drei Abschnitte unterteilt. In der ersten Stufe des Skyguide Auswahlverfahrens erfolgt zunächst eine grundlegende Eignungsabklärung über drei Tests, in denen die operationellen Fähigkeiten der Teilnehmer untersucht werden. Die Aufbauten sind dem Auswahlverfahren des DLR/DFS entliehen bzw. an den korrespondierenden Aufbauten angelehnt.

Wenngleich die Schweiz nicht Mitglied der Europäischen Union ist, lässt Skyguide neben Schweizer Staatsbürgern auch Teilnehmer mit einer Aufenthaltsgenehmigung der Klasse C und Staatsangehörige der ersten 15 EU-Mitgliedsstaaten zum Auswahlverfahren selbst und zur späteren Ausbildung zu. Die Altersbegrenzung für eine Bewerbung bei Skyguide liegt gegenwärtig bei 30 Jahren.

6.1 Eignungsabklärung I

Die erste Stufe des Bewerberscreenings bei Skyguide wird als Eignungsabklärung I (EA1) bezeichnet. Im Rahmen der EA1 müssen die Teilnehmer ihre grundsätzliche Eignung in einem Operational Aptitude Testing mit Schwerpunkt auf den Feldern Psychomotorik und Mehrfachbelastung nachweisen.

Skyguide greift hierzu auf Testmodule der korrespondierenden Auswahlverfahren des Deutschen Zentrum für Luft- und Raumfahrt (DLR) zurück. Die Sie im Auswahlverfahren erwartenden Tests wurden in diesem Buch bereits im Kapitel 3 *DFS Deutsche Flugsicherung* (S. 13) behandelt. Es darf daher auf die Ausführungen zu den Modulen *Akustischer Merkfähigkeitstest*, *Kurvenzählen-Test* und *Symbol-Additions-Test* in jenem Kapitel verwiesen werden.

In der ersten Stufe des Skyguide-Auswahlverfahrens wird zudem ein Englischtest durchgeführt, der auf akustisches Sprachverständnis abstellt. Das Anforderungsprofil dieses Tests entspricht dem Niveau des Cambridge First Certificate. Sollten Sie den Englischtest nicht auf Anhieb bestehen, ist die Möglichkeit gegeben, ihn nach frühestens sechs Monaten und der Ablegung eines Sprachkurses zu wiederholen.

Die erste Selektionsstufe endet mit einem umfangreichen Testbogen, der in sechs Kapiteln Paper-and-Pencil-Tests – u.a. aus den Bereichen Mathematik und Logik – umfasst.

6.2 Eignungsabklärungen II und III

Die Stufe Eignungsabklärung II (EA2) des Skyguide Auswahlverfahrens setzt sich aus drei eng an Tätigkeitsfeld und Aufgabencharakteristik des Fluglotsenberufs orientierten Tests zusammen. Die bereits aus der Vorselektion der Deutschen Flugsicherung bekannten Aufbauten Flugstreifentest und Radarsimulation stellen praxisbezogene Ansätze aus dem Untersuchungsfeld der Mehrfacharbeit dar. Der Wahl-Reaktions-Test ist demgegenüber dem Testfeld der Daueraufmerksamkeit zuzuordnen.

In Hinblick auf Flugstreifentest und Wahl-Reaktions-Test darf wiederum auf die Ausführungen in Kapitel 3 *DFS Deutsche Flugsicherung* verwiesen werden.

Der Radarsimulator ist in EA2 hingegen anders aufgebaut als im korrespondierenden Verfahren der Deutschen Flugsicherung. In drei Durchgängen zunehmender Aufgabenkomplexität müssen Sie Flugzeuge durch einen Ihnen zugewiesenen Luftsektor leiten und als Element der Mehrfacharbeit Zusatzaufgaben bearbeiten. Diese Zusatzaufgaben umfassen die Reaktion auf bestimmte akustische Signale und die Lösung verhältnismäßig einfacher Rechenaufgaben.

Im ersten Durchgang der Radarsimulation in EA2 beschränkt sich die Aufgabe auf die Durchleitung von Flugzeugen bei einer notwendigen Korrektur der jeweiligen Flughöhen, um Konflikte zu vermeiden. Im zweiten Durchgang werden ergänzende Richtungsänderungen erforderlich. Im dritten Durchgang wird die Darstellung des Luftraums geändert. Die Flugzeuge sollen jetzt nicht mehr über vorgegebene Luftwege, sondern frei über breite Luftkorridore geleitet werden. In einer wirtschaftlichen Planung der Flugrouten sollen die Maschinen an Unwettern vorbeigeleitet werden und ihre Zielrichtung möglichst effizient anfliegen können.

In der dritten Stufe des Auswahlprozesses (Eignungsabklärung III, EA3) lädt Skyguide die verbliebenen Teilnehmer zu einem eintägigen Praktikum in der Flugsicherung ein, in dessen Anschluss Team- und Sozialverhalten der Bewerber in Gruppenaufgaben untersucht werden. Das Eignungstestverfahren endet mit einem Interview, das sich aus biographisch orientierten und situationsbezogenen Elementen zusammensetzt. Vor Antritt ihrer Ausbildung müssen die erfolgreichen Bewerber noch eine flugmedizinische Untersuchung nachweisen.

7 Militärische Flugsicherung

Als Alternative zur Ausbildung bei einer zivilen Flugsicherung lohnt der Blick auf die Angebote des Militärs. Die Aufgaben der militärischen Flugverkehrskontrolle sind mit denen der zivilen Einrichtungen weitgehend deckungsgleich. Fluglotsen in Uniform werden in den Bereichen *Flugplatzkontrolle (Tower)*, *Anflugkontrolle (Approach)* und teilweise auch in der *Streckenkontrolle (Center)* eingesetzt.

In Deutschland rekrutiert das *Amt für Flugsicherung bei der Bundeswehr* (AFSBw) für alle drei Teilstreitkräfte – Heer, Luftwaffe und Marine – Flugsicherungspersonal. Fluglotsen der Bundeswehr sind Offiziere und müssen sich entsprechend für eine Offizierslaufbahn im Truppendienst (mit Abitur) beziehungsweise militärfachlichen Dienst (mit Mittlerer Reife oder Abitur) qualifizieren. Als Offizier des Truppendienstes sind Sie Zeitsoldat und verpflichten sich für mindestens dreizehn Jahre. Innerhalb dieses Dienstverhältnisses absolvieren Sie an einer Hochschule der Bundeswehr vor Ihrer Ausbildung zum Fluglotsen ein Master-Studium. Im militärfachlichen Dienst (Einstieg als Unteroffizier) dienen Sie als Berufssoldat und treten die Ausbildung zum Fluglotsen ohne vorausgehenden Hochschulbesuch an. Die Verpflichtungszeit liegt hier bei 15 Jahren.

Neben einem Screening an der *Offiziersbewerberprüfzentrale* (Offiziersanwärter im Truppendienst) beziehungsweise an einem *Zentrum für Nachwuchsgewinnung* (militärfachlicher Dienst) führt das AFSBw eine gesonderte Eignungsfeststellung für die Verwendung bei der militärischen Flugsicherung durch. Das Screening findet am *Flugmedizinischen Institut der Luftwaffe* in Fürstenfeldbruck statt und soll ermitteln, ob Ausbildungsanwärter später tatsächlich zu Fluglotsen ausgebildet werden können.

Der Dienst als militärischer Fluglotse ist ausgesprochen vielseitig – neben der Verwendung in militärischen Einrichtungen in Deutschland entsendet das AFSBw seine Fluglotsen auch zu Einsätzen und Übungen ins Ausland. Die Aufsicht über militärische Flugprofile ist unabhängig vom Standort eine vielseitige Aufgabe. Militärisches Fluggerät im Übungs- oder Auftragseinsatz bewegt sich freier durch den Luftraum als der zivile Verkehr – umso wichtiger (und spannender) ist die präzise Koordination der Flugbewegungen.

Am Ende ihrer Dienstzeit suchen viele militärische Fluglotsen den Absprung in die – deutlich besser bezahlte – zivile Flugsicherung. Die Übernahmechancen für Ready Entries mit militärischem Hintergrund schwanken stark – bei akutem Personalbedarf sind sie hoch, bei geringem Personalbedarf stellen die DFS & Co. lieber selbst ausgebildete Lotsen ein.

Allerdings gibt es einen Weg, schon während der Dienstzeit bei der DFS einen Fuß in die Tür zu bekommen: Bundeswehr-Fluglotsen in der Streckenkontrolle arbeiten in den Kontrollzentren der DFS mit und lernen so auch die Strukturen der zivilen Luftraumüberwachung kennen.

7.1 Allgemeine Leistungstests

Die Anforderungen der militärischen Flugsicherung weichen kaum von den Auswahlkriterien des zivilen Pendants ab. Am *Flugmedizinischen Institut der Luftwaffe* werden Leistungstests durchgeführt, die schwerpunktmäßig folgende Eignungskriterien adressieren:

- Konzentrationsvermögen und Aufmerksamkeit
- Psychomotorik und Mehrfacharbeit
- Räumliches Vorstellungsvermögen
- Entscheidungs- und Planungsfähigkeit
- Logisches Denken

Das Auswahlverfahren umfasst insgesamt acht allgemeine Leistungstests, von denen fünf aus der FEAST-Batterie entnommen wurden. Das standardisierte europäische Fluglotsenscreening FEAST setzen nicht nur zivile Flugsicherungen bei der Nachwuchsgewinnung ein. Inzwischen ist FEAST auch im militärischen Bereich verbreitet.

7.1.1 Leistungstests der FEAST Stufe I

Teil des Fluglotsen-Screenings am *Flugmedizinischen Institut der Luftwaffe* sind die Leistungstests der FEAST Stufe I – der *Koordinatensystemtest*, der *Planungsfähigkeitstest*, der *Mehrfachaufmerksamkeitstest*, der *Würfelklappentest* und das Modul *Regeln lernen und anwenden*.

Die Leistungstests der FEAST Stufe I wurden in Kapitel 4.1 bereits beschrieben, so dass auf diesen Abschnitt verwiesen werden darf.

7.1.2 Ergänzende Leistungstests

Drei weitere Leistungstests, die nicht aus der FEAST-Batterie stammen, prüfen ergänzend die Eignungskriterien:

▨ Kurzfristige Merkfähigkeit
▨ Visuelle Wahrnehmung
▨ Daueraufmerksamkeit / Vigilanz

Stadtplantest

Im *Stadtplantest* kommt es auf Konzentration und Gedächtnisleistung an. Zunächst werden Ihnen Symbole vorgestellt, die kommunale Einrichtungen repräsentieren (z.b. Krankenhäuser, Friedhöfe und Flugplätze). Anschließend werden einige dieser Symbole auf einem Stadtplan verteilt. Ihnen stehen jetzt wenige Sekunden zur Verfügung, um sich die Position der Einrichtungen auf dem Stadtplan einzuprägen.

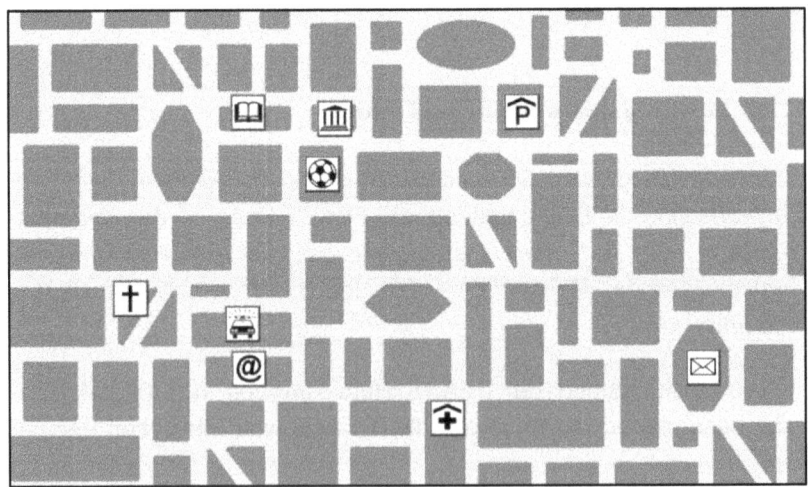

Beim Stadtplantest müssen Sie sich die Positionen mehrerer Einrichtungen merken und anschließend aus dem Gedächtnis wiedergeben.

Der Test fragt im Bearbeitungsteil die Standorte einiger der zuvor vorgestellten Einrichtungen auf einem nun leeren Stadtplan ab. Neben der Richtigkeit Ihrer Eingaben geht auch Ihre Arbeitsgeschwindigkeit in die Auswertung ein.

Punkte-Konstellations-Test

Der *Punkte-Konstellations-Test* bestimmt Ihre Fähigkeit, visuell Informationen aufzunehmen. Auf Ihrem Bildschirm sind Punkte an festen Positionen verteilt. Von Zeit zu Zeit ändert sich das Bild – einige Punkte verschwinden, neue kommen hinzu.

Sie können sich die Aufgabe wie einen Nachthimmel vorstellen, in dem Sie ein bestimmtes Sternenbild suchen. Der Punkte-Konstellations-Test fordert Sie auf, bestimmte Anordnungen von Punkten im Szenario so schnell wie möglich zu lokalisieren – beispielsweise ein aus vier Eckpunkten gebildetes Rechteck.

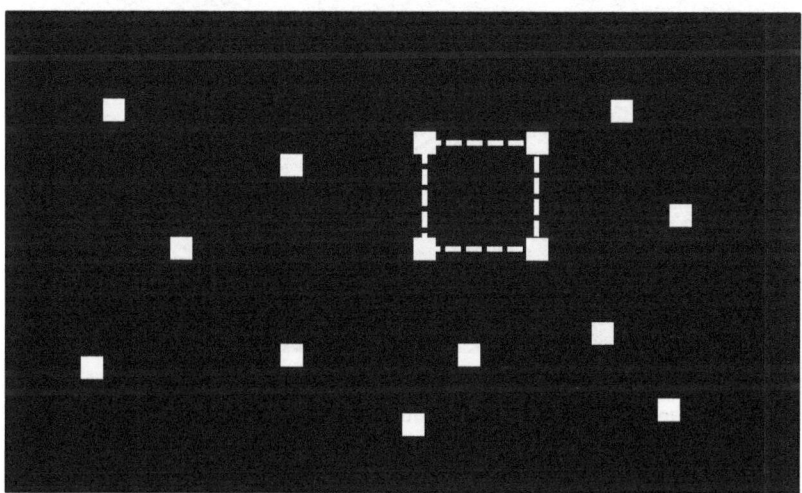

Schematischer Aufbau des Tests mit imaginärem Quadrat

Vigilanztest

Nicht nachlassende Aufmerksamkeit selbst unter monotonsten Bedingungen ist eine Fähigkeit, die jeder Fluglotse von Haus aus mit in den Job bringen muss. Zwar kontrollieren militärische Lotsen im Centerdienst weniger und dafür aktivere Flugbewegungen als ihre zivilen Kollegen. Aber auch sie sind regelmäßig Zeiten mentaler Unterbeanspruchung ausgesetzt, in denen ihre Konzentrationsleistung keineswegs abfallen darf.

Daher führt auch das *Flugmedizinische Institut der Luftwaffe* einen halbstündigen *Vigilanztest* durch. Der Test ist deckungsgleich mit dem aus der Vorauswahl der Deutschen Flugsicherung bekannten Verfahren, das in Kapitel 3.1 vorgestellt wurde.

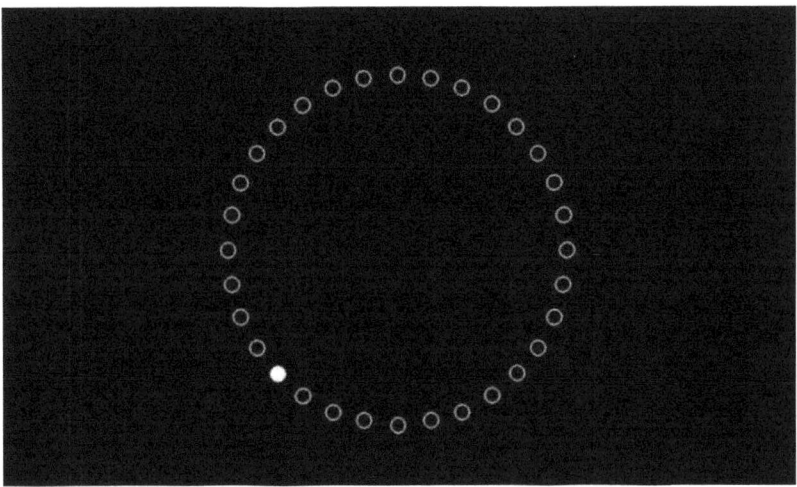

Screenshot des Trainingsmoduls zum Vigilanztest in der SkyTest® Software: Sobald der weiße Punkt eine Position auslässt, müssen Sie reagieren.

7.2 Spezifische Leistungstests

Auf die allgemeinen Leistungstests folgt ein spezifischer Leistungstest, im dem Aufgaben eines Fluglotsen simuliert werden. Der knapp einstündige Test umfasst zwei Abschnitte, die sich an den Modulen *Flugzeugpositionierungstest* und *Radarsimulator* aus der Vorauswahl der Deutschen Flugsicherung (Kapitel 3.1) orientieren.

7.2.1 Flugzeugpositionierungstest

Der *Flugzeugpositionierungstest* ist bereits im Screening der Deutschen Flugsicherung eine harte Nuss. Ohne Hilfe von Stift und Papier müssen Sie Richtungsänderungen eines Pfeils nachvollziehen und schließlich seine Endlage bestimmen. Die Rotationsanweisungen werden dabei in Intervallen von 90, 180 oder 270 Grad angegeben.

Für die militärische Flugsicherung wurde dieser Eignungstest „nachgeschärft". Hier werden zum einen auch schwerer zu rechnende Rotationen in Schritten von 30 Grad verwendet. Zum anderen gibt es eine abweichende Aufgabenstellung, in der nicht die relative Endlage erfragt wird, sondern die relative Rotation in eine bestimmte Richtung – ohne Beschränkung auf feste Intervalle müssen Sie schnell im Kopf addieren und subtrahieren.

✐ Beispiel 1:

Bestimmen Sie die relative Endlage für folgende Rotationen (Ausgangslage: 0/360 Grad):

60R – 30R – 150L – 30R

Lösung: 360 + 60 + 30 - 150 + 30 = **330 Grad**

91

✎ Beispiel 2:

Bestimmen Sie die relative Rotation nach rechts (Ausgangslage irrelevant):

105R – 117R – 320L – 224R

Lösung: 105 + 117 - 320 + 224 = **126 Grad**

7.2.2 Radarsimulator

Auch der *Radarsimulator* gestaltet sich im Eignungstest der militärischen Flugsicherung noch eine Nummer komplexer als im zivilen DFS-Screening. Die Aufgabe ist aber grundsätzlich dieselbe: Sie leiten Verkehr mit konkreten Anweisungen durch einen Kontrollsektor. Der am *Flugmedizinischen Institut der Luftwaffe* verwendete Testaufbau unterscheidet drei Teilaufgaben: *Sektorenkontrolle*, *Anflug- und Landekontrolle*, *Konfliktkontrolle*.

Sektorenkontrolle

Auf ihrem Bildschirm sehen Sie einen in Abschnitte unterteilten Kontrollsektor, der einen Pfad mit mehreren Kurven beschreibt. Sie müssen ein Flugzeug auf einem möglichst mittigen Weg durch diesen Luftraum navigieren und am Übergang der Abschnitte vorgegebene Höhenänderungen anweisen. Das Flugzeug wird seine Geschwindigkeit im Testdurchlauf verändern und ihre Anweisungen entsprechend schneller benötigen.

Während des Tests werden Ihnen einfache Ja/Nein-Entscheidungsfragen („Hat die Erde einen Mond?") gestellt, um einen Teil ihrer Konzentration von der eigentlichen Aufgabe abzulenken.

Anflug- und Landekontrolle

In diesem Modus leiten Sie landende Flugzeuge zum Airport. Der Luftraum auf ihrem Bildschirm ist in vier Sektoren – Alpha, Bravo, Delta und Echo – aufgeteilt. In jedem diesen Bereiche landet ein Flugzeug auf einem Flughafen und muss zuvor Kontrollpunkte passieren. Sie müssen für jedes Flugzeug den Kurs über die Kontrollpunkte zur Landebahn bestimmen, Kurs- und Höhenänderungen anweisen und schließlich die Landungen autorisieren.

Bei dieser Teilaufgabe ist gutes Planungsvermögen gefragt – vier Flugzeuge zeitgleich sicher und effizient nach unten zu leiten erfordert volle Konzentration.

Konfliktkontrolle

Im letzten Test am Radarsimulator sind Sie nur noch aufmerksamer Beobachter. Auf Ihrem Bildschirm wimmelt es von Flugzeugen, die mit unterschiedlichen Kursen, auf unterschiedlichen Höhen und mit verschiedenen Geschwindigkeiten unterwegs sind. In diesem bunten Verkehrsbild können Konflikte auftreten – kommen sich zwei Flugzeuge horizontal oder vertikal zu nahe, müssen Sie dies erkennen und melden. Anweisungen zur Auflösung eines Konflikts sind aber nicht erforderlich.

Erschwert wird die Suche nach Konflikten durch immer wieder auftretenden Funkverkehr, den Sie mithören. Das Programm wird Ihnen Fragen zum Inhalt des Funks stellen. Antworten notieren Sie auf einem bereitliegenden Zettel.

✎ Beispiel:

93

LH2413: „Hier Lufthansa 2413 heavy. Befinden uns im Landean-flug auf Kurs 210 Grad und FL150. Erbitten Landeinformationen und Landeerlaubnis."

Approach: „Lufthansa 2413 heavy, verstanden. Drehen Sie auf Kurs 220 Grad und sinken Sie auf FL100 bis Checkpoint November. Anflug auf Landebahn 24R."

Fragen:

▨ Auf welchem Flight Level befindet sich Lufthansa Flug 2413 heavy?

▨ Welchen Kontrollpunkt soll Lufthansa Flug 2413 im Landean-flug passieren?

7.3 Psychologische und medizinische Eignungsab-klärung

Die psychologische Eignungsabklärung am *Flugmedizinischen Institut der Luftwaffe* fällt relativ kurz aus und bezieht sich wiederum vor allem auf die *Verwendungseignung*. In einem etwa halbstündigen Interview wird Ihre persönliche Motivation für die Arbeit als Flugloste in Diensten der Bundeswehr erfragt. Sie müssen – am besten anhand Ihres bisherigen biographischen Werdegangs – erklären, weshalb Sie meinen, ein guter militärischer Fluglotse zu werden.

Nach erfolgreich absolvierten Leistungstests stellt das Interview in Fürstenfeldbruck – im Gegensatz zu den Interviews ziviler Flugsicherungen – keine allzu große Hürde mehr dar. Der Großteil der psychologischen Eignungsabklärung findet nämlich bereits bei den erwähnten Screenings an der *Offiziersbewerberprüfzentrale* in Köln beziehungsweise an einem der *Zentren für Nachwuchsgewinnung* in Berlin, Düsseldorf, Hannover, München oder Wilhelmshafen statt.

In diesen vorgelagerten Assessment-Centern werden charakterliche und psychische Eignung für den Offiziersdienst bei der Bundeswehr mit den Instrumenten *Persönlichkeitsfragebogen*, *Gruppenübung* und *Interview* gründlich abgeklärt. Besonderes Augenmerk legt die Bundeswehr bei ihrem zukünftigen Führungspersonal auf diese Eigenschaften:

- Teamfähigkeit
- Führungsstärke
- Bereitschaft zur Arbeit in einem regulierten Umfeld
- Disziplin und Gehorsamkeit
- Staats- und Verfassungstreue

Angehende Fluglotsen müssen zudem gleich zweimal zum medizinischen Check. Einmal im Zuge der Eignungsprüfungen für die

Offizierslaufbahn und ein weiteres Mal bei der Feststellung der Verwendungseignung. Neben den obligatorischen Untersuchungen von Sehstärke, Hörvermögen und Herzkreislauffunktionen müssen alle Anwärter auch einen Fitnesstest bestehen. Etwas Sport und Training vor dem Screening schaden also nicht.

8 Informationen aus dem Internet

Alle Flugsicherungen informieren Bewerber auf eigenen Karriere-
seiten im Internet über Ausbildung, Direkteinstieg und Einstellungs-
voraussetzungen. Viele Unternehmen nehmen zudem Bewerbungs-
unterlagen nur noch in digitalem Format an – am Internet führt für
Bewerber also kein Weg vorbei.

Und das ist auch gut so. Organisation und Inhalte der Bewer-
bungsverfahren werden in den meisten Fällen sehr ausführlich dargestellt. Manche Flugsicherungen schreiben im Internet auch vakan-
te Stellen zur Direktbesetzung aus und geben dabei sehr detailliert
die erwarteten Voraussetzungen an.

Ihre Suche nach Informationen sollten Sie aber nicht auf einen
Besuch der Internetseiten der Flugsicherungen beschränken. Bezie-
hen Sie auch Fluglotsen-Communities aktiv mit ein! Auf Seiten wie
pprune.org oder fluglotse.com (letztere wird betrieben vom Heraus-
geber dieses Buchs) finden Sie Kontakt zu Mitbewerbern und erhalten auf fast alle Fragen eine kompetente Antwort.

Die in den Foren veröffentlichten Erfahrungsberichte über Aufbau
und Ablauf der einzelnen Auswahlverfahren sind ebenfalls eine interessante Informationsquelle. Allerdings sollten Sie beim Lesen immer im Hinterkopf behalten, dass diese Erfahrungsberichte immer
nur die subjektiv gewonnenen Eindrücke früherer Teilnehmer von

den Eignungstests vermitteln können. Tipps und Verhaltenshinweise aus Foren sind daher eher mit Vorsicht zu genießen.

Dies gilt aber auch abseits der Forenwelt. In Fachbüchern (wie diesem) oder Vorbereitungsseminaren erhalten Sie viele wichtige Ratschläge für Ihren Weg durch das Auswahlverfahren. Umsetzen sollten Sie diese Ratschläge aber stets individuell. Manche Personalmitarbeiter erkennen mittlerweile schon an der Kombination von Anzug, Hemd und Krawatte, mit welchen Mitteln sich ein Bewerber auf das Auswahlverfahren vorbereitet hat (kein Scherz, das kommt wirklich vor).

Fluglotsen teilen zwar in aller Regel einen ähnlichen „Mindset", stehen aber nicht in Verdacht, stereotype Charaktere zu sein. Sie wissen das, die Flugsicherung weiß das. Es gibt also keinen Grund, sich für das Auswahlverfahren zu verstellen, nur um einen erhaltenen Ratschlag zu befolgen.

Flugsicherungen in Europa

Organisation	Land	Webseite
DFS Deutsche Flugsicherung	Deutschland	dfs.de
The Tower Company	Deutschland (regional)	the-tower-company.de
Eurocontrol	Int. / BeNeLux	eurocontrol.int
Skyguide	Schweiz	skyguide.ch
Austro Control	Österreich	austrocontrol.at
NATS	Großbritannien	nats.co.uk

IAA	Irland	iaa.ie
DSNA	Frankreich	dsna-dti.aviation-
AENA	Spanien	aena.es
ENAV	Italien	enav.it
PAZP	Polen	pata.pl
ANS CR	Tschechische Republik	ans.cz
Hungarocontrol	Ungarn	hungarocontrol.hu
Naviair	Dänemark	naviair.dk
LFV	Schweden	lvf.se
Finavia	Finnland	finnavia.fi
Avinor	Norwegen	avinor.no
EANS	Estland	eans.ee
Oro Navigacija	Litauen	ans.lt
LGS	Lettland	lgs.lv

Große Flugsicherungen in Europa

9

Assessment-Center
übergreifende Tests

Dieser Abschnitt ergänzt die in den Kapiteln zu den in diesem Buch behandelten Auswahlverfahren bereits angeschnittenen Informationen zu Grundlagentests, welche in jedem Assessment-Center europäischer Flugsicherungen angewandt werden.

Auf den folgenden Seiten ist Grundwissen aus den Gebieten der Mathematik, Physik und Technik zusammengestellt, welches Ihnen einen Überblick über Struktur und Inhalte dieses Teils der Auswahlverfahren geben soll. Besonders in diesen Bereichen ist eine sorgfältige Vorbereitung unabdingbar. Mathematik- und Physikaufgaben sind meist nur am Rande in den Aufbau der Assessment-Center integriert. Ihr Abschneiden in diesen Tests ist dennoch entscheidend für ein Weiterkommen im Auswahlverfahren. Zahlengewandtheit und technisches Verständnis sind bereits für die Ausbildung an einer Flugsicherung elementare Voraussetzungen.

Auch einfache Navigationsaufgaben beinhalten in aller Regel Vorfragen der Einheitenrechnung. Eine Übersicht über die wichtigsten Tabellen, die Sie unbedingt wiederholen sollten, ist daher in diesen Abschnitt eingebunden.

9.1 Mathematik

Ihre mathematischen Kenntnisse werden bei der Bewerbung für einen Arbeitsplatz im Cockpit ausführlich überprüft – schließlich handelt es sich hier um ein Gebiet, mit dem ein Pilot auch im Alltag sicher umgehen können muss. In den Einstellungsverfahren verschiedener Fluggesellschaften kommen unterschiedliche Testarten vor, die ein schnelles und sicheres Lösen von Rechenaufgaben erfordern. Bitte beachten Sie, dass in diesem Kapitel bewusst auf die Auflistung von „Originalaufgaben" verzichtet wurde, da es diese im Grunde genommen nicht gibt. Die testenden Institute ändern die Aufgaben stetig.

9.1.1 Kopfrechnen

Der *Kopfrechentest* ist bei den einzelnen Auswahlverfahren meist recht individuell ausgestaltet. So werden im entsprechenden Testmodul des DLR zunächst mehrere Aufgaben visuell auf dem Bildschirm gestellt, bevor andere Aufgaben akustisch über Kopfhörer folgen. Die Lösung wird jeweils über einen Touchscreen eingegeben. Teilnehmer berichten, dass die Zeit pro Aufgabe sehr knapp bemessen ist. Sie beträgt je nach Schwierigkeitsgrad ungefähr 15 Sekunden. Kurz vor Ablauf der für jede Aufgabe zur Verfügung stehenden Zeit kann ein Signalton ertönen, der anzeigt, dass nunmehr das Ergebnis eingegeben werden muss.

Beim DLR-Test ist zu beachten, dass die ansonsten gültige mathematische Regel „Punkt vor Strich" keine Anwendung findet, so dass die Aufgaben starr von vorn bis hinten durchgerechnet werden. Lautet die Aufgabenstellung beispielsweise „5 + 3 · 6", werden zunächst 5 und 3 summiert, um anschließend das Zwischenergebnis 8 mit 6 zu multiplizieren, so dass das Ergebnis 48 lautet. Ein mögliches Außerkraftsetzen der „Punkt vor Strich"-Regel wird vor Testbeginn mitgeteilt.

Es empfiehlt sich, für den Kopfrechentest neben der Wiederholung der gängigen Rechengesetze alle Quadrate der Zahlen bis 20 zu lernen, sowie alle Zahlen bis 10 mit 3 potenzieren können. Dazu sei an dieser Stelle auf den Abschnitt „Potenzen" in Kapitel *9.1.5 Algebraische Grundlagen* (S. 113) verwiesen.

9.1.2 Schätzaufgaben

Schätzaufgaben sind ein grundlegender Bestandteil vieler Assessment-Center. In der Regel sind bei diesem Aufgabentyp Gleichungen mit zwei bis vier Operanden, die je nach Schwierigkeitsgrad durch Additions- oder Multiplikationsoperatoren verknüpft sind, sowie mehrere Lösungsvorschläge vorgegeben. Dabei kann entweder ein Lösungsvorschlag exakt der Lösung der Gleichung entsprechen oder die Lösungsvorschläge sind so gewählt, dass sie einer korrekten Lösung lediglich nahe kommen. Obwohl solche mathematischen Aufgabenstellungen auf den ersten Blick relativ schwer erscheinen, sind sie mit ein paar gedanklichen Hilfsschritten leicht lösbar.

Zunächst sollten Sie wissen, dass es mehrere Arten von Schätzaufgaben gibt. Wie oben ausgeführt, gibt es Aufgaben, bei denen lediglich Näherungswerte zur Auswahl stehen. Wissen Sie jedoch, dass bei Ihrem Einstellungstest eine der Lösungsmöglichkeiten exakt zutrifft, empfiehlt sich das *Ausschlussprinzip*. Überprüfen Sie daher bei jeder der gegebenen Antwortmöglichkeiten die Ziffer an der letzten Stelle darauf, ob sich diese bei Verrechnung der jeweils letzten Ziffern der Zahlen aus der gegebenen Gleichung ergeben würde. Desöfteren lassen sich auch Antworten ausschließen, die offensichtlich zu groß oder zu klein für das richtige Ergebnis der Gleichung sind.

✎ Zwei Beispiele:

1.580 + 1.135 + 1.095 = ?

A. 4.230   B. 3.955   C. 3.915   D. 3.810

Bei dieser Aufgabe ist relativ schnell erkennbar, dass die Lösung kleiner als 4.000 sein muss, weshalb sich Antwortmöglichkeit A ausschließen lässt. Da in der Gleichung an der letzten Stelle der Zahlen einmal eine 0 und zweimal eine 5 vorkommt, muss die letzte Ziffer der Lösung eine 0 sein. Demzufolge lassen sich auch die Antwortmöglichkeiten B und C streichen, so dass 3.810 als richtige Lösung übrig bleibt.

1.525 · 5 = ?

A. 7.625   B. 8.420   C. 7.230   D. 6.985

Multipliziert man die letzte Stelle des Faktors 1.525 mit 5, wird ersichtlich, dass die Einerstelle der Lösung wieder eine 5 sein muss. Daher scheiden die Antwortmöglichkeiten B und C aus. Überschlagen Sie die Rechnung, beispielsweise durch Multiplikation von 1.500 mit 5, dann stellen Sie fest, dass das Ergebnis im Bereich von 7.500 liegen wird. Aus diesem Grund wählen Sie aus den verbleibenden Antwortmöglichkeiten 7.625 und 6.985 erstere aus, da sich diese deutlich näher beim Überschlagswert 7.500 befindet.

9.1.3 Textaufgaben

Hinter den in Assessment-Centern weit verbreiteten *Textaufgaben* steckt meist eine von mehreren typischen Aufgabenarten. Diese anhand der Aufgabenstellung zu identifizieren, ist oft schon die halbe Miete. Zu beachten ist, dass in den Assessment-Centern Taschenrechner meist nicht zur Hilfe genommen werden dürfen und nur Papier und Bleistift für Notizen zugelassen sind. Daher sollten Sie sich die Verfahren der schriftlichen Addition, Subtraktion, Multiplikation und Division aneignen. Generell empfiehlt es sich aber, Aufgaben, sofern möglich, im Kopf zu lösen, da dieses Vorgehen in der Regel weniger Zeit benötigt.

Im Folgenden werden wir Ihnen die wichtigsten Aufgabentypen vorstellen:

Größter gemeinsamer Teiler (ggT)

Unter dem *größten gemeinsamen Teiler* (*ggT*) mehrerer gegebener ganzer Zahlen versteht man diejenige größte natürliche Zahl, durch die jede der gegebenen Zahlen ohne Rest teilbar ist. Der ggT wird mit Hilfe der Primfaktorzerlegung ermittelt und ist das Produkt der Primfaktoren, die alle Zahlen gemeinsam haben.

✎ Beispiel:

Ermittlung des ggT von 12, 16 und 20:

12:	$2 \cdot 2$		$\cdot 3$	
16:	$2 \cdot 2 \cdot 2 \cdot 2$			
20:	$2 \cdot 2$			$\cdot 5$
ggT:	$2 \cdot 2$			$= 4$

✎ Beispielaufgabe:

Ein Beet, das 27 Meter lang und 18 Meter breit ist, soll im Winter mit einer Plane abgedeckt werden, die in quadratischer Form in verschiedenen Größen erhältlich ist. Dabei sollen die Quadrate so groß wie möglich sein; ein Zuschnitt ist nicht erlaubt. Wie viele quadratische Planen werden benötigt?

Lösungsweg: Um die größtmögliche Seitenlänge der quadratischen Planen zu erhalten, wird der ggT der Zahlen 27 und 18 gebildet. Dieser beträgt 9. Hiermit lässt sich ermitteln, dass auf der Längsseite 27 : 9 = 3 Planen aneinander gefügt werden müssen, und an der Breitseite 18 : 9 = 2 Planen. Insgesamt sind also 3 · 2 = 6 Planen erforderlich.

Kleinstes gemeinsames Vielfaches (kgV)

Unter dem *kleinsten gemeinsamen Vielfachen (kgV)* mehrerer gegebener ganzer Zahlen versteht man diejenige kleinste (von Null verschiedene) natürliche Zahl, die jeweils ein Vielfaches jeder der gegebenen Zahlen ist. Dabei handelt es sich also um diejenige kleinste Zahl, die durch alle gegebenen Zahlen teilbar ist.

✎ Beispiel:

Ermittlung des kgV von 12, 16 und 24:

12:	2 · 2		· 3
16:	2 · 2 · 2 · 2		
24:	2 · 2 · 2	· 3	
kgV:	2 · 2	· 2 · 2	· 3 = 48

✎ Beispielaufgabe:

Drei Radrennfahrer starten gleichzeitig auf einen Rundkurs, der mehrmals abgefahren wird. Wie viele Runden benötigt jeder Fahrer, bis alle drei wieder gleichzeitig über die Startlinie fahren, wenn der erste Fahrer pro Runde 6 Minuten, der zweite Fahrer 7 Minuten und der dritte Fahrer 8 Minuten benötigt?

Lösungsweg: Zunächst muss die Minutenzahl ermittelt werden, bei der alle Fahrer wieder gleichzeitig die Startlinie passieren. Dies geschieht mit Hilfe des kgV von 6, 7 und 8, welches 168 beträgt. Anschließend teilt man für jeden Fahrer diese Minutenzahl durch seine individuelle Rundenzeit. Dadurch ergibt sich für den ersten Fahrer eine Rundenzahl von 168 : 6 = 28, für den zweiten Fahrer eine Rundenzahl von 168 : 7 = 24 und für den dritten Fahrer eine Rundenzahl von 168 : 8 = 21.

Dreisatz

Bei *Dreisatzaufgaben* lassen sich zwei Arten unterscheiden: Aufgaben *direkter Proportionalität* und Aufgaben *indirekter Proportionalität*. Diese unterscheiden sich grundlegend in ihrer Berechnung.

Bei Aufgaben *direkter Proportionalität* entsprechen immer zwei von vier Größen einander. Von diesen vier Größen sind typischerweise drei gegeben, die vierte muss ermittelt werden. Die zu Grunde liegende Gleichung lautet immer wie folgt:

$$\frac{x_1}{y_1} = \frac{x_2}{y_2}$$

✎ Beispielaufgabe:

Wie viel kosten 5 Flugtickets, wenn 2 Tickets einen Gesamtpreis von 300 Euro haben?

Lösungsweg:

Es lässt sich folgende Gleichung aufstellen und nach der Unbekannten x auflösen:

$$\frac{2}{300} = \frac{5}{x} \quad \rightarrow \quad x = \frac{5 \cdot 300}{2} = 750$$

Ein Dreisatz *indirekter Proportionalität* liegt hingegen vor, wenn die Aufgabenstellung einer Gesetzmäßigkeit der Art „je weniger A, desto mehr B" (also „beim Halbieren von A wird B verdoppelt" o.ä.) folgt. Hier lautet die zu Grunde liegende Gleichung dann:

$$x_1 \cdot y_1 = x_2 \cdot y_2$$

✎ Beispielaufgabe:

Die Catering-Vorräte an einem Flughafen reichen bei 5.000 Passagieren rund 8 Stunden aus. Wie viele Stunden wären es bei 6.000 Passagieren?

5.000 Passagiere · 8 Stunden = 6.000 Passagiere · x

$$\rightarrow \quad x = \frac{5000 \ \text{Passagiere} \ \cdot \ 8 \ \text{Stunden}}{6000 \ \text{Passagiere}} = 6{,}67 \ \text{Stunden}$$

Gleichungen

Oftmals erfordern Textaufgaben die Aufstellung von *Gleichungen*, mit denen die Lösung durch Umformen ermittelt werden kann.

Verhältnismäßig einfach sind noch die Gleichungen mit *1 Unbekannten*. Hierbei muss durch Umformen der Gleichung erreicht werden, dass die Unbekannte x isoliert auf einer Seite der Gleichung steht. Eine Umformung wird wie folgt vorgenommen:

$$2 \cdot x - 4 = 16 \qquad\qquad | + 4$$

$$2 \cdot x = 16 + 4 \quad \rightarrow \quad 2 \cdot x = 20 \quad | : 2$$

$$\frac{2 \cdot x}{2} = \frac{20}{2} \quad \rightarrow \quad x = 10$$

Etwas komplexer verhalten sich Gleichungen mit *zwei Unbekannten*, da in diesem Fall zwei Gleichungen aufgestellt werden müssen. Die Anzahl der Unbekannten entspricht der Anzahl der aufzustellenden Gleichungen.

✏ Beispielaufgabe:

Eine Fluggesellschaft besitzt zwei Flugzeuge, eine Boeing 737 und einen Airbus A320. Die Boeing 737 ist dabei 3 Jahre älter als der A320. Das durchschnittliche Flottenalter beträgt 8 Jahre. Wie alt sind die beiden Flugzeuge?

(I) $\qquad B = A + 3 \qquad\qquad$ (Altersrelation)

(II) $\qquad \dfrac{A + B}{2} = 8 \qquad\qquad$ (Durchschnittsalter)

(I) in (II): $\quad \dfrac{A + (A + 3)}{2} = 8 \qquad \rightarrow \qquad \dfrac{2 \cdot A + 3}{2} = 8 \ | \cdot 2$

$$2 \cdot A + 3 = 16 \qquad\qquad | - 3$$

$$2 \cdot A = 13 \qquad\qquad | : 2$$

$$A = 6{,}5 \qquad\qquad \text{(Alter des Airbus A320)}$$

in (I): $\quad B = A + 3 = 6{,}5 + 3 = 9{,}5 \quad$ (Alter der Boeing 737)

Bei Assessment-Centern der Luftfahrt müssen Sie auch damit rechnen, mit Aufgaben konfrontiert zu werden, die *drei Unbekannte* enthalten. Durch Umformen und geschicktes Ersetzen der gesuchten Termbestandteile können Sie zwei der drei gesuchten Ausdrücke isolieren, um eine Gleichung mit nur noch einer Unbekannten zu erhalten, welche schließlich gelöst werden kann. Das grundlegende Vorgehen dazu ist letztlich dasselbe wie im vorherigen Beispiel zu den zwei Unbekannten.

Ein ebenfalls oft in Textaufgaben abstrahierter Inhalt ist die *quadratische Gleichung*, die auf Seite 115 näher erläutert wird.

Prozentrechnung

Textaufgaben, die eine *Prozentrechnung* erfordern, sind meist so verfasst, dass man die durchzuführende Rechnung sofort erkennt. Grundsätzlich lassen sich zwei Arten unterscheiden:

Beim ersten Aufgabentyp sollen Sie den *Grundwert G,* den *Prozentsatz p* oder den *Prozentwert W* errechnen. Dazu kann folgende Gleichung herangezogen werden:

$$\frac{W}{p} = \frac{G}{100}$$

Ist beispielsweise gefragt, wie viel 25% von 160 sind, so sind p = 25 und G = 160 gegeben und W wird gesucht. Die Lösung lautet daher:

$$W = \frac{G}{100} \cdot p = \frac{160}{100} \cdot 25 = 40$$

Eine andere Form der Aufgabe könnte sein, dass gefragt ist, wie viel Prozent 25 von 160 sind. In diesem Fall sind G = 160 und W = 25 gegeben, während p gesucht ist. Die Lösung hierfür lautet:

$$p = \frac{100}{G} \cdot W = \frac{100}{160} \cdot 25 = 15,625$$

Beim zweiten Aufgabentyp der Prozentrechnung ist der *vergrößerte oder verkleinerte Grundwert* gesucht. Sie sollen hierbei also den Grundwert um einen bestimmten Prozentsatz vermehren oder vermindern. Die Berechnung erfolgt dabei mit folgender Gleichung:

$$G_{neu} = G \cdot \frac{100 \pm p}{100}$$

Soll beispielsweise ein Grundwert G, der 500 beträgt, um 15% verringert werden, so errechnet sich der neue Wert wie folgt:

$$G_{neu} = 500 \cdot \frac{100 - 15}{100} = 500 \cdot 0,85 = 425$$

Weitere Aufgabentypen

In Textaufgaben finden oft auch *Flächen-* oder *Volumenberechnungen* oder *physikalische Größen* wie Massen oder Geschwindigkeiten Eingang. Bezüglich des hierfür erforderlichen Grundwissens sei auf die Kapitel *9.1.6 Geometrische Grundlagen* (S. 118) und *9.2 Physik* (S. 123) verwiesen. In der Regel werden in diesen Aufgabentypen die zuvor vorgestellten Methoden wie beispielsweise der Dreisatz verwendet. Das Aufstellen eines Gleichungssystems stellt in vielen Fällen den Schlüssel zum richtigen Lösungsweg dar.

9.1.4 Zahlenreihen

Beim Test *Zahlenreihen* sehen Sie eine Folge von Zahlen, die nach einem bestimmten Schema fortgesetzt wird. Ihre Aufgabe ist es, dieses Schema zu erkennen und anhand dieser die nächste Zahl zu ermitteln.

✎ Beispiel:

4 8 11 15 18 22 ?

Das Schema, das sich in dieser Zahlenreihe wiederholt, ist zwei Elemente lang. Um von der ersten Zahl (4) auf die zweite Zahl (8) zu kommen, muss 4 addiert werden. Anschließend wird 3 addiert, um von der zweiten Zahl (8) zur Zahl 11 zu gelangen. Ab hier wiederholt sich das Schema „plus 4, plus 3" immer wieder. Um nun am Ende der Zahlenreihe den Wert für das Fragezeichen zu erhalten, untersucht man für die letzten Zahlen, welcher Teil des Schemas hier zutrifft. Von der Zahl 18 zur Zahl 22 wird 4 hinzugefügt, weshalb nun als nächstes zur Zahl 22 die 3 addiert wird. Dies ergibt als Lösung 25.

Grundsätzlich lassen sich Zahlenreihen-Aufgaben bei Beachtung folgender Regeln meist lösen:

▨ Die Zahlenreihe folgt einem einfachen, kontinuierlichen Aufbau, der schnell zu erkennen ist, zum Beispiel:
2 4 6 8 10 12 ?
Hierbei wird zur jeweils vorherigen Zahl immer 2 addiert.

▨ Es liegt eine abwechselnde Addition und/oder Subtraktion der Zahlen vor, wie in folgendem Beispiel:
3 8 6 11 9 14 ?
Bei dieser Zahlenreihe wird die Regel „plus 5, minus 2" angewendet.

▨ Die Zahlenreihe nimmt „unregelmäßig" zu oder ab, zum Beispiel:
5 6 8 11 15 20 ?

Ausgehend von der 5 wird hier zu jedem Glied die entsprechende Zahl aus dem Schema „+1 +2 +3 +4 +5 ..." addiert.

▨ Steigt die Zahlenreihe im Gegensatz zum vorherigen Beispiel auffällig stark an oder nimmt insbesondere anfangs stark ab, dann liegt ein Multiplikations- oder Divisionsschema vor, das ähnlich wie beim vorherigen Punkt aufgebaut ist.

▨ Wurde mit den zuvor genannten Regeln noch keine Lösung gefunden, ist zu prüfen, ob eine jede Zahl der Reihe ein Vielfaches ihres Vorgängers oder Nachfolgers (beziehungsweise des sich zwei Positionen davor oder danach befindenden Glieds) darstellt.

▨ Ist auch bis hierher noch keine eindeutige Regel erkennbar, der die Zahlenreihe folgt, so ist es möglich, dass diese aus zwei oder mehreren einzelnen Zahlenreihen zusammengesetzt wurde, die einem bestimmten Prinzip folgen. Ein Beispiel:

2 22 19 4 16 13 6 10 ?

Bei genauerer Analyse stellt man fest, dass die Zahlenreihe in folgende zwei Einzelreihen zerlegt werden kann, die voneinander unabhängigen aufgebaut sind:

	22	19		16	13		10	?
2			4			6		

Während die obere Reihe jeweils um 3 reduziert wird, nimmt die untere Reihe um 2 zu. Daher lautet die richtige Lösung bei dieser Aufgabe 7.

9.1.5 Algebraische Grundlagen

Brüche

▨ Addition und Subtraktion

Die Brüche müssen zunächst auf einen gemeinsamen Nenner erweitert werden, bevor ihre Zähler addiert oder subtrahiert werden können. Beispiel:

$$\frac{1}{4} + \frac{1}{6} = \frac{1 \cdot 3}{4 \cdot 3} + \frac{1 \cdot 2}{6 \cdot 2} = \frac{3}{12} + \frac{2}{12} = \frac{5}{12}$$

Multiplikation
Die Multiplikation von Brüchen erfolgt, indem man jeweils die Zähler miteinander multipliziert und anschließend die Nenner. Danach sollte der Bruch gekürzt werden. Beispiel:

$$\frac{4}{3} \cdot \frac{1}{4} = \frac{4 \cdot 1}{3 \cdot 4} = \frac{4}{12} = \frac{1}{3}$$

Division
Zwei Brüche werden dividiert, indem man den ersten Bruch mit dem Kehrwert des zweiten Bruchs multipliziert. Beispiel:

$$\frac{1}{2} : \frac{3}{4} = \frac{1}{2} \cdot \frac{4}{3} = \frac{1 \cdot 4}{2 \cdot 3} = \frac{4}{6} = \frac{2}{3}$$

Quadratische Gleichungen

Die Lösungen einer *quadratischen Gleichung* der Form $ax^2 + bx + c = 0$ erhält man mit Hilfe der Formel

$$x_{1,2} = \frac{-b \pm \sqrt{b^2 - 4ac}}{2a}$$

Die quadratische Gleichung besitzt keine Lösung, falls $b^2 - 4ac < 0$. Sind x_1 und x_2 die Lösungen der quadratischen Gleichung, kann man diese faktorisieren:

$$ax^2 + bx + c = a \cdot (x - x_1) \cdot (x - x_2)$$

Binomische Formeln

Die *Binomischen Formeln* dienen der Lösung von quadratischen Gleichungen.

▦ Erste Binomische Formel

$$(a + b)^2 = a^2 + 2ab + b^2$$

▦ Zweite Binomische Formel

$$(a - b)^2 = a^2 - 2ab + b^2$$

▦ Dritte Binomische Formel

$$(a + b) \cdot (a - b) = a^2 - b^2$$

Potenzen

▦ Rechnen mit Potenzen

$$x^0 = 1 \quad \text{(Ausnahme: } 0^0 \text{ ist nicht definiert)}$$

115

$$\frac{1}{x} = x^{-1}$$

$$x^a \cdot x^b = x^{a+b}$$

$$\frac{x^a}{x^b} = x^a \cdot x^{-b} = x^{a-b}$$

$$(x \cdot y)^a = x^a \cdot y^a$$

$$\left(\frac{x}{y}\right)^a = \frac{x^a}{y^a}$$

$$(x^a)^b = x^{a \cdot b}$$

▦ Quadratzahlen

$1^2 = 1$	$2^2 = 4$	$3^2 = 9$	$4^2 = 16$	$5^2 = 25$
$6^2 = 36$	$7^2 = 49$	$8^2 = 64$	$9^2 = 81$	$10^2 = 100$
$11^2 = 121$	$12^2 = 144$	$13^2 = 169$	$14^2 = 196$	$15^2 = 225$
$16^2 = 256$	$17^2 = 289$	$18^2 = 324$	$19^2 = 361$	$20^2 = 400$
$21^2 = 441$	$22^2 = 484$	$23^2 = 529$	$24^2 = 576$	$25^2 = 625$
$26^2 = 676$	$27^2 = 729$	$28^2 = 784$	$29^2 = 841$	$30^2 = 900$

▦ Kubikzahlen

$1^3 = 1$	$2^3 = 8$	$3^3 = 27$	$4^3 = 64$	$5^3 = 125$
$6^3 = 216$	$7^3 = 343$	$8^3 = 512$	$9^3 = 729$	$10^3 = 1000$

▦ Zweierpotenzen

$2^1 = 2$	$2^2 = 4$	$2^3 = 8$	$2^4 = 16$	$2^5 = 32$
$2^6 = 64$	$2^7 = 128$	$2^8 = 256$	$2^9 = 512$	$2^{10} = 1024$

▦ Zehnerpotenzen

10^n ist ausgeschrieben eine 1 mit n Nullen.

Beispiel: $10^6 = 1.000.000$

10^{-n} ist ausgeschrieben eine Kommazahl mit n Nullen (inklusive der Null vor dem Komma).

Beispiel: $10^{-3} = 0,001$

Wurzeln

▨ Das Rechnen mit Wurzeln

$\sqrt[n]{a} = a^{\frac{1}{n}}$ (Beachten: $a \geq 0$)

Wenn $b^n = a$ → $b = \sqrt[n]{a}$

$\sqrt[n]{a^m} = a^{\frac{m}{n}}$

$\dfrac{1}{\sqrt[n]{a^m}} = a^{-\frac{m}{n}}$

▨ Auswahl wichtiger Wurzeln

$\sqrt{2} = 1,4142$ $\sqrt[3]{2} = 1,2599$

$\sqrt{3} = 1,7321$ $\sqrt[3]{3} = 1,4422$

$\sqrt{5} = 2,2361$

Zehnerlogarithmus

Der *Zehnerlogarithmus* ist der Logarithmus zur Basis 10. Statt der ausführlichen Schreibweise „$\log_{10}(x)$" wird für den Zehnerlogarithmus oft auch „$\lg_{10}(x)$" oder „$\log(x)$" verwendet. Beispiele:

$\log_{10}(1) = 0$ weil $10^0 = 1$

$\log_{10}(10) = 1$ weil $10^1 = 10$

$\log_{10}(100) = 2$ weil $10^2 = 100$

$\log_{10}(65) = 1,81$ weil $10^{1,81} = 65$

117

9.1.6 Geometrische Grundlagen

Quadrat

Umfang: $U = 4\,a$ Fläche: $A = a^2$

Diagonale: $d = a \cdot \sqrt{2}$

Rechteck

Umfang: $U = 2\,(a + b)$ Fläche: $A = a\,b$

Diagonale: $d = \sqrt{a^2 + b^2}$

Kreis

Umfang: $U = 2\,\pi\,r$ Fläche: $A = \pi\,r^2$

Die Kreiszahl π beschreibt das Verhältnis des Kreisumfangs zum Durchmesser. Der auf fünf Nachkommastellen gerundete Wert von π ist 3,14159.

Dreieck

Allgemeines (beliebiges) Dreieck:

Während die Summe der Innenwinkel bei jedem Dreieck stets 180° beträgt, ergibt die Summe der Außenwinkel 360°.

Fläche: $A = \dfrac{1}{2}a h_a = \dfrac{1}{2}b h_b = \dfrac{1}{2}c h_c$

Gleichseitiges Dreieck:

Bei einem gleichseitigen Dreieck sind alle drei Seiten gleich lang und alle Innenwinkel gleich groß, nämlich 60°.

Fläche: $A = \frac{\sqrt{3}}{4}a^2$ Höhe: $h = \frac{\sqrt{3}}{2}a$

Gleichschenkliges Dreieck:

Bei einem gleichschenkligen Dreieck sind mindestens zwei Seiten gleich lang. Daher sind auch die diesen Seiten gegenüberliegenden Winkel, welche als *Basiswinkel* bezeichnet werden, stets gleich groß.

Rechtwinkliges Dreieck:

Beim rechtwinkligen Dreieck nennt man diejenigen Seiten, die zueinander im 90°-Winkel angeordnet sind, *Katheten*. In Bezug auf einen der beiden spitzen Winkel des Dreiecks nennt man die diesem Winkel anliegende Kathete *Ankathete* und die dem Winkel gegenüberliegende Kathete *Gegenkathete*. Die *Hypotenuse* ist die Seite, die gegenüber vom rechten Winkel liegt.

▨ Satz des Pythagoras:
$c^2 = a^2 + b^2$

▨ Trigonometrie:

$\sin\alpha = \dfrac{\text{Gegenkathete}}{\text{Hypotenuse}}$

$\cos\alpha = \dfrac{\text{Ankathete}}{\text{Hypotenuse}}$

$\tan\alpha = \dfrac{\text{Gegenkathete}}{\text{Ankathete}}$

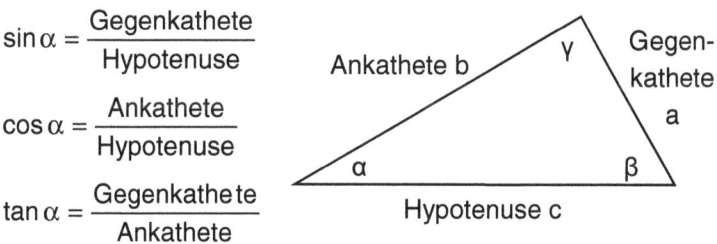

119

▓ Spezialfälle der Sinus- und Cosinusfunktion:

$$\sin \ \ 0° \ = 0 \ \ \ \ = \cos \ \ 90° \ = \sin 180° = \cos \ \ 270°$$
$$\sin \ 30° \ = 0{,}5 \ \ = \cos \ 60°$$
$$\sin \ 45° \ = 0{,}71 = \cos \ 45°$$
$$\sin \ 60° \ = 0{,}87 = \cos \ 30°$$
$$\sin \ 90° \ = 1 \ \ \ \ = \cos \ \ 0°$$
$$\sin 270° \ = \text{-}1 \ \ \ \ = \cos 180°$$

Würfel

Oberfläche: $O = 6 \, a^2$ Volumen: $V = a^3$

Diagonale: $d = a \cdot \sqrt{3}$

Quader

Oberfläche: $O = 2\,(a\,b + a\,c + b\,c)$ Volumen: $V = a\,b\,c$

Diagonale: $d = \sqrt{a^2 + b^2 + c^2}$

Kugel

Volumen: $V = \dfrac{4}{3}\pi r^3$ Oberfläche: $O = 4\,\pi\,r^2$

Kegel

Volumen: $V = \dfrac{1}{3}\pi r^2 h$ Höhe: $h = \sqrt{s^2 - r^2}$

Flächeninhalt der Mantelfläche: $O_M = \pi\,r\,s$

Gesamtoberfläche: $O = \pi\,r^2 + \pi\,r\,s$

s ist die Länge der Mantellinie und r der Radius der Grundfläche.

Quadratische Pyramide

Volumen: $V = \frac{1}{3}Gh$ Mantelfläche: $O_M = 2\,h_a\,a$

Gesamtoberfläche: $O = a^2 + 2\,h_a\,a$

h_a bezeichnet die Höhe der kongruenten Seitendreiecke, a die Seitenlänge, h die Pyramidenhöhe und G die Grundfläche.

Längenmaße

1 mm	=	1 Millimeter	=	0,001 m
1 cm	=	1 Zentimeter	=	0,01 m
1 dm	=	1 Dezimeter	=	0,1 m
1 m	=	1 Meter	=	1 m
1 km	=	1 Kilometer	=	1.000 m

Weitere Einheiten:

1 NM	=	1 Nautische Meile	=	1.852 m
1 ft	=	1 Fuß	=	0,3048 m

Flächenmaße

$1\ mm^2$	=	1 Quadratmillimeter	=	$0{,}000001\ m^2$
$1\ cm^2$	=	1 Quadratzentimeter	=	$0{,}0001\ m^2$
$1\ dm^2$	=	1 Quadratdezimeter	=	$0{,}01\ m^2$

$1\,m^2$ = 1 Quadratmeter   = $1\,m^2$

$1\,a$ = 1 Ar   = $100\,m^2$

$1\,ha$ = 1 Hektar   = $10.000\,m^2$

$1\,km^2$ = 1 Quadratkilometer = $1.000.000\,m^2$

Raummaße

$1\,mm^3$ = 1 Kubikmillimeter = $0,000000001\,m^3$ = 1 µl

$1\,cm^3$ = 1 Kubikzentimeter = $0,000001\,m^3$ = 1 ml

$1\,dm^3$ = 1 Kubikdezimeter = $0,001\,m^3$ = 1 l

$1\,m^3$ = 1 Kubikmeter   = $1\,m^3$ = 1.000 l

Weitere Maßeinheiten:

$1\,hl$ = 1 Hektoliter   = 100 l

Gewichte

$1\,mg$ = 1 Milligramm   = 0,000001 kg

$1\,g$ = 1 Gramm   = 0,001 kg

$1\,kg$ = 1 Kilogramm   = 1 kg

$1\,t$ = 1 Tonne   = 1.000 kg

Weitere Maßeinheiten:

1 Pfund   = 0,5 kg

1 Zentner = 50 kg

9.2 Physik

Im Rahmen Ihres Auswahlverfahrens kann auch ein Block mit Fragen aus unterschiedlichen Bereichen der Physik zu bearbeiten sein.

Im Folgenden finden Sie eine kurze Zusammenfassung der wichtigsten Sachverhalte aus den Themengebieten *Mechanik*, *Energie*, *Elektrizitätslehre*, *Optik*, *Wellenlehre*, *Wärmelehre* und *Radioaktivität*. Bitte beachten Sie, dass die folgenden Seiten lediglich einen Überblick zur Auffrischung vorhandener Kenntnisse geben sollen. Für die Aneignung vertieften Wissens ist ein Studium entsprechender Fachliteratur unverzichtbar.

9.2.1 Mechanik

Geschwindigkeit, Beschleunigung

Folgende Formeln stellen drei grundlegende Gleichungen dieses Themengebiets dar:

Geradlinige Bewegung mit konstanter Geschwindigkeit
$v = \dfrac{\Delta s}{\Delta t}$ $\quad$ v $\quad$ Geschwindigkeit $\quad$ Δs $\quad$ zurückgelegte Strecke $\quad$ Δt $\quad$ verstrichene Zeit
Einheit: Meter pro Sekunde (m/s) oder Stundenkilometer (km/h)

1 m/s entspricht exakt 3,6 km/h. Der Zahlenwert der Einheit m/s kann also leicht auf km/h umgerechnet werden, indem man ihn mit

3,6 multipliziert. Möchte man Stundenkilometer in Meter pro Sekunde umrechnen, muss der Wert durch 3,6 dividiert werden.

Geradlinige Bewegung mit konstanter Beschleunigung

$$a = \frac{\Delta v}{\Delta t}$$

a	Beschleunigung
Δv	Geschwindigkeitsänderung
Δt	verstrichene Zeit

Einheit: m/s^2

Die zurückgelegte Strecke bei konstanter Beschleunigung berechnet sich wie folgt:

$$s = \frac{1}{2} \cdot a \cdot t^2$$

Kraft

Aus den *Newtonschen Gesetzen* leiten sich folgende Prinzipien ab:

1. Das Trägheitsprinzip: Ein Körper bleibt in Ruhe oder bewegt sich mit konstanter Geschwindigkeit weiter, solange die Summe aller auf ihn einwirkenden Kräfte gleich Null ist.

2. Das Aktionsprinzip: Um die Geschwindigkeit eines Körpers mit der Masse m mit der Beschleunigung a zu erhöhen, ist die Kraft F erforderlich.

Grundgesetz der Mechanik

$$F = m \cdot a$$

F Kraft
m Masse
a Beschleunigung

Einheit: Newton (N) = kg · m/s²

---

3. Das Reaktionsprinzip (Wechselwirkungsgesetz): Kräfte treten stets paarweise auf. Übt ein Körper A auf einen anderen Körper B eine Kraft aus, so wirkt eine gleichgroße, aber entgegen gerichtete Kraft von Körper B auf Körper A. Daher gilt:

$$F_1 = F_2$$

Gewichtskraft: Aufgrund seiner Masse m übt ein Körper immer die Gewichtskraft F_g in Richtung des Bodens aus: $F_g = m \cdot g$, wobei g der Ortsfaktor ist. Auf der Erde beträgt dieser 9,81 m/s². Der Ortsfaktor ist abhängig vom Himmelskörper, auf dem sich der Körper mit der Masse m befindet.

Kraftaddition: Es ist unerheblich, ob ein Flugzeug beispielsweise von einem Fahrzeug A allein oder aber von zwei Fahrzeugen B und C mit geringerer Kraft gezogen wird. Hierdurch kann der Betrag der einzeln aufzubringenden Kräfte verringert und der Angriffspunkt einer Kraft verändert werden. In der Summe bleibt die aufzuwendende Kraft die gleiche. Es gilt:

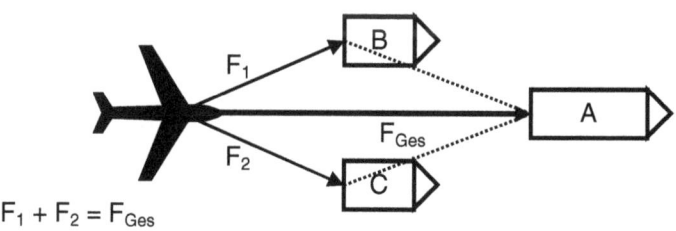

$$F_1 + F_2 = F_{Ges}$$

Drehmoment

Als *Drehmoment* bezeichnet man jene Größe, welche bei der Beeinflussung der Drehzahl eines drehbaren Körpers wirkt.

Elementare Definition des Drehmoments		
$M = F \cdot l$	M	Drehmoment
	F	Betrag der Kraft
	l	Länge des Hebelarms
Einheit: Newtonmeter (N·m)		

Ist die Summe aller rechtsdrehenden Drehmomente gleich der Summe aller linksdrehenden Drehmomente, so herrscht ein Gleichgewichtszustand. Dann gilt:

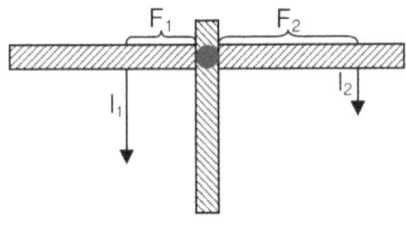

$$F_1 \cdot l_1 = F_2 \cdot l_2$$

Impuls

Jeder bewegte Körper trägt einen *Impuls*, den er bei Stößen oder durch andere Wechselwirkungen, beispielsweise durch Kräfte zwischen verschiedenen Körpern, ganz oder teilweise auf andere Körper überträgt. Der Impuls p wird über die Masse m eines Körpers und dessen Geschwindigkeit v berechnet:

Impuls	
$p = m \cdot v$	p Impuls
	m Masse
	v Geschwindigkeit
Einheit: N·s	

Impulserhaltung

In einem abgeschlossenen System gilt der *Impulserhaltungssatz*. Dieser besagt, dass der Gesamtimpuls in einem solchen System immer konstant bleibt.

Impulserhaltungssatz	
$p_1 = p_2$	p Impuls
	m Masse des Körpers
(mit $p = m \cdot v$)	v Geschwindigkeit d. Körpers
Einheit: N·s	

Stößt ein bewegter Körper der Masse m_1 mit der Geschwindigkeit v_1 auf einen zweiten Körper mit der Masse m_2, so wird der *Impuls* des ersten Körpers je nach Aufprallwinkel ganz oder teilweise auf den anderen Körper übertragen. Trifft also eine rollende, leichtere Kugel zentral auf eine ruhende, schwerere Kugel, wird diese mit langsamerer Geschwindigkeit als die erste Kugel wegrollen. Die erste Kugel bleibt nach dem Stoß liegen. Der Impuls geht somit von der ersten auf die zweite Kugel über, bleibt aber vollständig erhalten.

Flaschenzug

Mit Hilfe von Rollen kann der Angriffspunkt einer Kraft verändert werden. Dabei bleibt der Betrag der Kraft erhalten. Bei einem *Flaschenzug* wird die Zugkraft auf die Anzahl der tragenden Seile verteilt. Daher gilt folgende Formel:

Zugkraft beim Faktorenflaschenzug	
$$F_Z = \frac{F_L}{n} = \frac{m \cdot g}{n}$$	F_Z Erforderliche Zugkraft am Seilende F_L Gewichtskraft der angehängten Masse n Anzahl der Verbindungen zwischen unteren und oberen Rollen
Einheit: Newton (N)	

F_Z ist dabei die erforderliche Zugkraft am Seilende und F_L die Gewichtskraft der angehängten Masse. Beim nebenstehenden Flaschenzug gibt es zwei tragende Seile, daher gilt hier, dass die erforderliche Zugkraft halb so groß sein muss wie die Gewichtskraft der Masse.

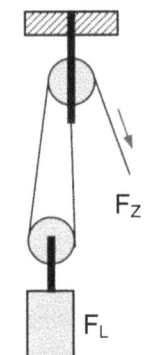

Die *Goldene Regel der Mechanik* besagt, dass das, was an Kraft gewonnen wird, an Weg verloren geht. Im Umkehrschluss bedeutet dies für den Flaschenzug, dass das Seilende eine doppelt so lange Wegstrecke gezogen werden muss, wie das Gewicht angehoben wird. Hierbei gilt folgende Formel, bei der n die Anzahl der tragenden Seile bezeichnet:

Strecke für Höhenänderung beim Faktorenflaschenzug

$s = n \cdot h$

s Strecke, die das Seilende bewegt wird

n Anzahl der Verbindungen zwischen unteren und oberen Rollen

h Höhenänderung der angehängten Masse

Einheit: Meter (m)

Arbeit

Unter *Arbeit* versteht man die Energiemenge, die von einem physikalischen System in ein anderes übertragen wird. Dies erfolgt durch die Wirkung einer Kraft F entlang eines Weges s:

Mechanische Arbeit

$W = F \cdot s$

W Arbeit
F Kraft
s Strecke

Einheit: Joule (J) = Nm

Als *Beschleunigungsarbeit* W_a wird die Arbeit bezeichnet, die erforderlich ist, einen Körper mit der Masse m von der Geschwindigkeit v_0 auf die Geschwindigkeit v_1 zu überführen:

$$W_a = \frac{m}{2} \cdot (v_1^2 - v_0^2)$$

129

Leistung

Als *Leistung* bezeichnet man die in einer bestimmten Zeit t verrichtete Arbeit W:

Mechanische Leistung	
$P = \dfrac{W}{t}$	P Mechanische Leistung W Arbeit t Zeit
Einheit: Watt (W)	

Die bei der Bewegung eines punktförmigen Körpers auftretende Leistung kann mit

$$P = F \cdot v$$

ermittelt werden, wobei F die Kraft ist, die benötigt wird, um den Körper in eine bestimmte Richtung zu bewegen. v steht für die Geschwindigkeit, mit der die Bewegung stattfindet.

Wirkungsgrad

Der *Wirkungsgrad* bezeichnet im Allgemeinen das Verhältnis von Nutzen und Aufwand. Bei einer Maschine kann dieser beispielsweise durch das Verhältnis der abgegebenen zur zugeführten Leistung ausgedrückt werden. Er definiert sich wie folgt:

$$\eta = \frac{P_{abgegeben}}{P_{aufgenommen}}$$

Energie

Unter *Energie* versteht man die Fähigkeit, Arbeit zu verrichten. Energie kann weder erzeugt noch vernichtet, sondern ausschließlich in verschiedene Formen umgewandelt werden. Es gilt der *Energieerhaltungssatz*, der besagt, dass in einem energetisch abgeschlossenen System die Gesamtenergie konstant ist.

▨ Bewegungsenergie: Ein Körper der Masse m, der sich mit der Geschwindigkeit v fortbewegt, hat folgende kinetische Energie:

Bewegungsenergie		
$E_K = \dfrac{1}{2} \cdot m \cdot v^2$	E_K	Kinetische Energie
	m	Masse
	v	Geschwindigkeit
Einheit: Joule (J) = N·m		

▨ Lageenergie: Durch die Anziehungskraft beispielsweise der Erde hat ein Körper der Masse m in der Höhe h bei der Fallbeschleunigung g folgende Energie:

Lageenergie		
$E_P = m \cdot g \cdot h$	E_P	Potentielle Energie
	m	Masse
	g	Ortsfaktor ($9,81\,^m/_{s^2}$)
Einheit: Joule (J) = N·m	h	Höhe

▨ Spannenergie: Die Spannenergie bezeichnet die Energie, die eine Feder mit der Federkonstante D im über die Strecke s gespannten Zustand besitzt:

131

Spannenergie

$$E_{Sp} = \frac{1}{2} \cdot D \cdot s^2$$

E_{Sp} Spannenergie
D   Federkonstante
s   Strecke

Einheit: Joule (J) = N·m

▦   Thermische Energie: Diese fälschlicherweise oft auch *Wärmeenergie* genannte Energieform bezeichnet den in einem Medium gebundenen Energiebetrag und beruht auf der Bewegungsenergie der atomaren Teilchen in diesem Medium.

Masse und Energie sind äquivalent. Dies wird durch folgende von Albert Einstein geprägte Formel ausgedrückt. c bezeichnet dabei die Lichtgeschwindigkeit (ca. $0,3 \cdot 10^9$ m/s).

Äquivalenz von Masse und Energie (Formel von A. Einstein)

$$E = m \cdot c^2$$

E   Energie
m   Masse
c   Lichtgeschwindigkeit

Einheit: Joule (J)

Pendel

Beim *Pendel* wechseln sich während einer Schwingung Bewegungsenergie und Lageenergie zweimal ab. Die Schwingungsdauer T und die Auslenkung des Körpers (Elongation) sind unabhängig von dessen Gewicht, nehmen aber mit der Länge l des Fadens zu. Die Schwingungsdauer berechnet sich wie folgt (g ist die Ortskonstante):

$$T = 2\pi \cdot \sqrt{\frac{l}{g}}$$

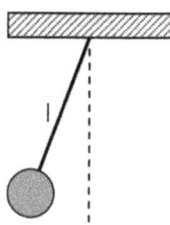

9.2.2 Elektrizitätslehre

Grundbegriffe

Stromstärke: Unter der *Stromstärke* versteht man die Ladung Q, die in einer bestimmten Zeit t durch einen elektrischen Leiter fließt:

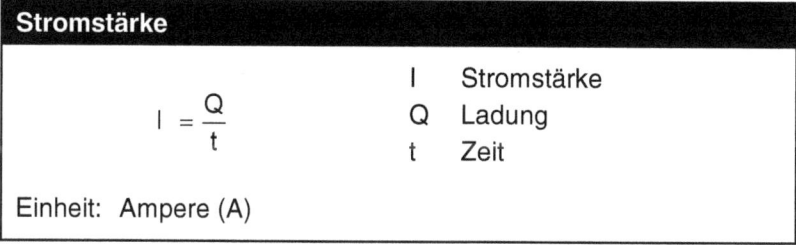

Stromstärke		
$I = \dfrac{Q}{t}$	I	Stromstärke
	Q	Ladung
	t	Zeit
Einheit: Ampere (A)		

Spannung: Die *Spannung* gibt an, wie viel Arbeit respektive Energie nötig ist (oder frei wird), um ein Objekt mit einer bestimmten Ladung entlang eines elektrischen Felds zu bewegen. Die Spannung ist also die Potentialdifferenz zwischen zwei Punkten im elektrischen Stromkreis. Die Einheit der Spannung ist Volt (V).

Leistung: Die *Leistung* wird als Produkt von Spannung und Stromstärke definiert:

Elektrische Leistung

$$P = U \cdot I$$

P   Elektrische Leistung
U   Spannung
I   Stromstärke

Einheit: Watt (W)

Arbeit: Wird Leistung über einen Zeitraum hinweg aufgebracht, wird elektrische *Arbeit* verrichtet. Sie wird errechnet durch

Elektrische Arbeit

$$W = U \cdot I \cdot t$$

W   Elektrische Arbeit
U   Spannung
I   Stromstärke
t   Zeit

Einheit: Wattsekunde (W·s)

Widerstände

Das *Ohmsche Gesetz* beschreibt die Tatsache, dass sich die Spannung U an einem Leiter proportional zum hindurchfließenden Strom I verhält: U ~ I.

Als *Widerstand* bezeichnet man die Eigenschaft von Stromleitern, die den Stromfluss hemmt. Berechnung des Widerstands:

Ohmscher Widerstand

$$R = \frac{U}{I}$$

R   Ohmscher Widerstand
U   Spannung
I   Stromstärke

Einheit: Ohm (Ω)

Reihenschaltung (Beispiel):

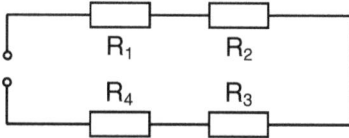

Bei der Reihenschaltung gibt es keine Verzweigungen. Da aus diesem Grund durch alle Widerstände der gleiche Strom fließt, gilt:

$$I = I_1 = I_2 = I_3 = ...$$

Die Spannung der Quelle verteilt sich auf die einzelnen Widerstände:

$$U = U_1 + U_2 + U_3 + ...$$

Mehrere in Reihe geschaltete Widerstände vermindern den Stromfluss genauso, als wenn nur ein einziger Widerstand benutzt wird, dessen Wert der Summe der Einzelwiderstände entspricht. Daher gilt folgende Formel:

$$R = R_1 + R_2 + R_3 + ...$$

Parallelschaltung (Beispiel):

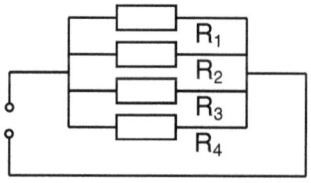

Bei der Parallelschaltung wird der Fluss des Gesamtstroms auf die einzelnen Widerstände aufgeteilt. Daher berechnet sich dieser aus der Summe der einzelnen Teilströme:

$$I = I_1 + I_2 + I_3 + ...$$

Jeder Widerstand ist unmittelbar mit der Spannungsquelle verbunden. Somit liegt an jedem Widerstand die gleiche Spannung wie an der Quelle an:

$$U = U_1 = U_2 = U_3 = ...$$

Ein zu einem Widerstand parallelgeschalteter zweiter Widerstand bewirkt, dass der Gesamtwiderstand abnimmt. Für den Gesamtwiderstand gilt bei Parallelschaltung:

$$\frac{1}{R} = \frac{1}{R_1} + \frac{1}{R_2} + \frac{1}{R_3} + ...$$

Diode

Eine *Diode* ist ein Schaltelement, das für Strom in die eine Richtung durchlässig ist, aber in die andere Richtung bis zur sogenannten Durchbruchspannung keinen Stromfluss ermöglicht.

Kondensator

Ein *Kondensator* ist ein Bauelement zur Speicherung von elektrischer Energie. Er besteht aus parallelen Leiterplatten (Elektroden), die durch einen Isolator (zum Beispiel Keramik oder Luft) voneinander getrennt sind. Werden die Elektroden mit den Polen einer Spannungsquelle verbunden, so fließt kurzzeitig Strom. Dabei wird die eine Kondensatorplatte positiv, die andere negativ aufgeladen. Wird der Kondensator wieder von der Quelle getrennt, bleiben diese Ladungen erhalten. Erst wenn dem Kondensator beispielsweise durch eine geerdete Leitung Ladung entnommen wird, sinkt seine Spannung wieder ab. Daher kann ein Kondensator als Energiequelle mit begrenzter Ladung dienen.

Die gespeicherte Ladung Q ist proportional zur Spannung des Kondensators. Seine Kapazität C berechnet sich folgendermaßen:

Kapazität eines Kondensators	
$$C = \frac{Q}{U} = \frac{I \cdot t}{U}$$	C Kapazität Q Ladung U Spannung I Stromstärke
Einheit: Farad (F)	t Zeit

Reihenschaltung: Werden mehrere Kondensatoren in Reihe geschaltet, errechnet sich die Gesamtkapazität der Schaltung wie folgt:

$$\frac{1}{C} = \frac{1}{C_1} + \frac{1}{C_2} + \frac{1}{C_3} + \dots$$

Parallelschaltung: Bei der Parallelschaltung mehrerer Kondensatoren werden die Kapazitäten der einzelnen Kondensatoren addiert, um die Gesamtkapazität zu erhalten, da im Grunde nur die Fläche der Kondensatorplatten vergrößert wird.

$$C = C_1 + C_2 + C_3 + \dots$$

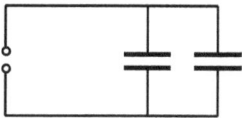

Das *Coulombsche Gesetz* beschreibt die elektrostatische Kraft zwischen zwei geladenen, punktförmigen Körpern. Zwei Ladungen mit gleichem Vorzeichen stoßen sich ab, während sich solche mit unterschiedlichem Vorzeichen anziehen. Fügt man zwei weitere Leiterplatten in einen geladenen Kondensator ein, so sammeln sich geladene Teilchen so, wie in folgender Abbildung dargestellt. Werden die Platten auseinandergenommen und anschließend aus dem Kondensator entfernt, bleiben sie bei Isolierung der Griffe geladen.

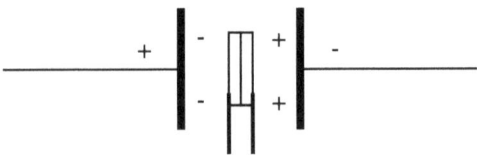

Magnetfelder

Ein gerader Leiter befindet sich in einem homogenen *Magnetfeld* senkrecht zu den Feldlinien. Sobald ein Strom durch den Leiter fließt, wirkt auf ihn eine Kraft, die als *Lorentz-Kraft* bezeichnet wird.

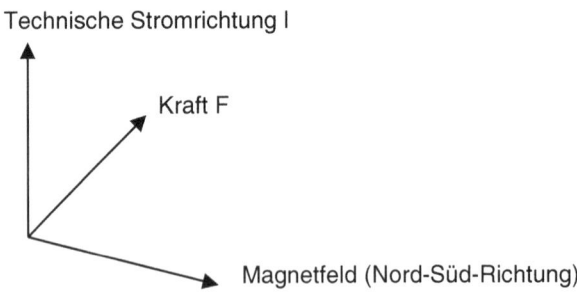

Die Richtungen lassen sich leicht mit der Drei-Finger-Regel (auch Rechte-Hand-Regel genannt) merken: Öffnet man die geballte Faust der rechten Hand, so dass der Daumen nach oben, der Zeigefinger von einem weg und der Mittelfinger nach links zeigen, müssen ihnen nur noch die drei Dimensionen Strom, Feld und Kraft zugeordnet werden. Sie können sich auf diese Art leicht die Richtungen merken (Daumen: Strom, Zeigefinger: Feld, Mittelfinger: Kraft).

Ist also ein Leiter im Magnetfeld nicht fixiert und wird er von Strom durchflossen, dann bewegt er sich in Richtung der wirkenden Kraft. Genauso gut wird durch einen Leiter ein induzierter Strom fließen, wenn dieser durch ein Magnetfeld bewegt wird. Ist dieser Leiter mit einem Strommessgerät verbunden, kann der Stromfluss registriert werden. Nach der *Lenzschen Regel* gilt, dass der Induktionsstrom im Leiter stets so gerichtet ist, dass er die Ursache seiner Entstehung – in diesem Fall die Bewegung des Leiters – zu hemmen versucht.

Auf dem oben erläuterten Prinzip beruht auch die Funktionsweise von Stromgeneratoren: Innerhalb eines Magnetfelds wird eine Spule gedreht. Durch die in der Spule wirkende Lorentzkraft werden die Ladungsträger verschoben und somit eine Potentialdifferenz zwischen beiden Enden der Spule hervorgerufen. Daher liegt eine Spannung an, die zum Stromfluss führt.

Transformator

Mit Hilfe von *Transformatoren* lassen sich elektrische Wechselspannungen erhöhen oder verringern und damit den technischen Erfordernissen des Gebrauchs anpassen. Ein Transformator besteht aus zwei Spulen, die durch einen geschlossenen Eisenkern miteinander verbunden sind:

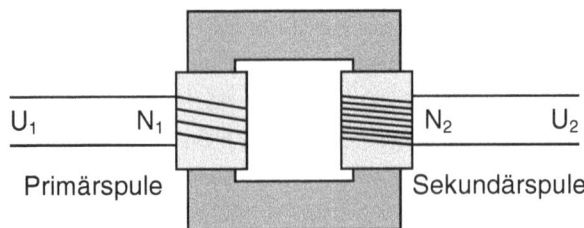

| U_1 | N_1 | | N_2 | U_2 |

Primärspule   Sekundärspule

Eine an die Primärspule im Primärstromkreis angelegte Wechsel-spannung erzeugt einen veränderlichen Primärstrom und damit ein veränderliches Magnetfeld im Kern. Dieses Feld durchsetzt die Se-kundärspule in einem zweiten Stromkreis und erzeugt hier durch Induktion wiederum eine Spannung, die sogenannte Sekundärspan-nung. Eine primäre Spannung kann also über magnetischen Fluss in eine proportionale sekundäre Spannung als Funktion des Windungs-zahlverhältnisses der beiden Spulen transformiert werden. Zum Be-trieb eines Transformators ist eine in ständigem Wechsel veränderli-che Spannung nötig. Daher kann mit einem Transformator nur Wechselspannung transformiert werden.

Beim Transformator gelten folgende Formeln:

$$\frac{U_1}{U_2} = \frac{N_1}{N_2} \qquad \frac{I_1}{I_2} = \frac{N_2}{N_1} \qquad U_1 \cdot I_1 = U_2 \cdot I_2$$

Elektrischer Schwingkreis

Ein *elektrischer Schwingkreis* besteht aus einer Spule und einem Kondensator, welche zusammen elektrische Schwingungen ausfüh-ren. Dabei wird die Energie zwischen Spule und Kondensator perio-disch ausgetauscht.

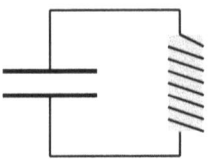

Wenn der Kondensator geladen ist, liegt maximale Spannung vor; die Energie ist im elektrischen Feld des Kondensators gespeichert. Dann entlädt sich der Kondensator über die Spule. Der Strom ist hierbei maximal; die Energie ins Magnetfeld geströmt. Wegen der Trägheit der Spule gegen Stromänderung sorgt die Induktion dafür, dass der Strom nun noch weiter fließt (die Energie wird dem Magnetfeld entnommen) und den Kondensator in umgekehrter Polung wieder auflädt. Schließlich ist wieder die Spannung maximal, aber mit umgekehrter Polung. Dieser Vorgang wiederholt sich jetzt in anderer Richtung.

Frequenz des elektrischen Schwingkreises

$$f = \frac{1}{2\pi\sqrt{LC}}$$

f	Frequenz
L	Induktivität der Spule
C	Kapazität d. Kondensators

Einheit: Hertz (Hz = 1/s)

In der Realität entweicht beim Schwingungsvorgang aus dem System etwas Energie, zum Beispiel durch den elektrischen Widerstand in Form von Wärme. Dies führt dazu, dass die Schwingung eines Schwingkreises gedämpft wird.

9.2.3 Optik

Reflexion

Von *Reflexion* spricht man, wenn ein Lichtstrahl von einer Oberfläche, zum Beispiel einem Spiegel, zurückgeworfen wird. Hierbei gilt das *Reflexionsgesetz*, nach dem der Einfallswinkel des Strahls gleich dem Ausfallswinkel ist:

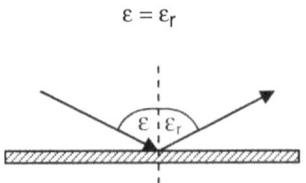

Brechung

Trifft Licht schräg auf die Grenzfläche zwischen zwei lichtdurchlässigen Stoffen, so wird es gebrochen. Dabei gelten die beiden nachfolgenden Naturgesetze:

⬚ Beim Übergang von einem optisch dünneren Stoff in einen optisch dichteren Stoff erfolgt die Brechung eines Lichtstrahls in Richtung des Einfalllots.

⬚ Beim Übergang von einem optisch dichteren Stoff in einen optisch dünneren Stoff wird ein Lichtstrahl vom Einfalllot weg gebrochen.

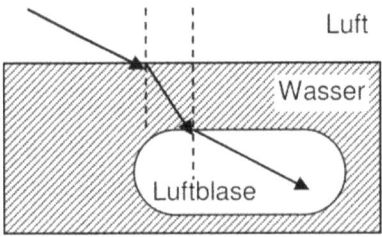

Die Größe der Ablenkung ist abhängig von der Wellenlänge des Lichts. So wird violettes Licht mit höherer Frequenz stärker gebrochen als rotes Licht, das eine niedrigere Frequenz besitzt. Mit einem Prisma kann man einen Lichtstrahl in seine Bestandteile zerlegen.

142

Dabei werden die in ihm enthaltenen Strahlen unterschiedlicher Wellenlängen verschieden stark abgelenkt, so dass das Spektrum des Lichts als Regenbogenfarben sichtbar wird.

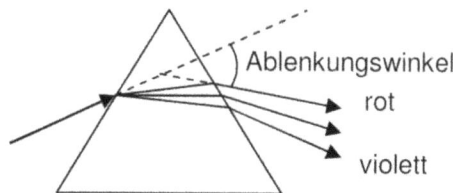

Das gleiche Prinzip lässt in der Natur einen Regenbogen entstehen, wenn das Sonnenlicht an Regentropfen gebrochen wird. Am äußeren Rand des Regenbogens finden sich die roten Spektrallinien, am Innenrand die violetten (genauer Verlauf: rot – orange – gelb – grün – blau – indigo – violett).

Lochblende

Stellen Sie sich vor, dass ein Körper aus unendlich vielen Punkten besteht. Weil man zu jedem Gegenstandspunkt auch einen Bildpunkt erhält, muss eine Abbildung letztlich aus Einzelpunkten bestehen. Bei einer ausgedehnten Lichtquelle oder einem das Licht reflektierenden Körper kreuzen sich die Lichtbündel, die von jedem Punkt ausgehen. Auf dem Schirm sieht man eine auf dem Kopf stehende Abbildung, die umso schärfer ist, je kleiner die *Lochblende* ist.

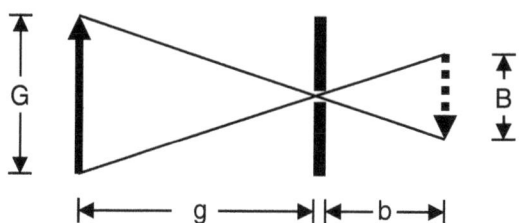

143

Die in obiger Abbildung illustrierten Verhältnisse bezeichnet man als *Abbildungsmaßstab A*:

$$A = \frac{B}{G} = \frac{b}{g}$$

Konvexlinsen (Sammellinsen)

Konvexlinsen lassen Gegenstände größer erscheinen, sofern sich diese vom Abstandsbetrag her näher an der Linse befinden, als die Brennweite f groß ist (Gegenstandsweite g < f). Befindet sich das Abbild weiter entfernt als die Brennweite (g > f), so steht es auf dem Kopf.

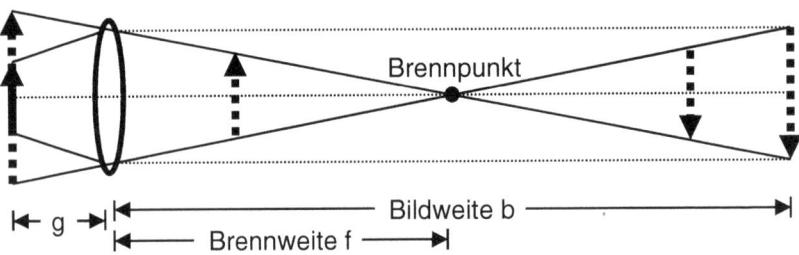

Bei bekannter Gegenstandsweite und Brennweite errechnet sich die Bildweite, bei der das Abbild scharf erscheint, über folgende Formel:

$$\frac{1}{g} + \frac{1}{b} = \frac{1}{f}$$

Konkavlinsen (Streulinsen)

Bei der *Konkavlinse* erscheint das Abbild eines Gegenstands verkleinert, aber immer richtig herum. Ein Lichtstrahl wird, wie in folgender Abbildung zu sehen ist, zweimal gebrochen.

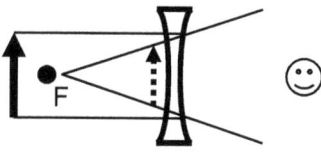

Fernrohr

Ein einfaches *Fernrohr* besitzt zwei Sammellinsen:

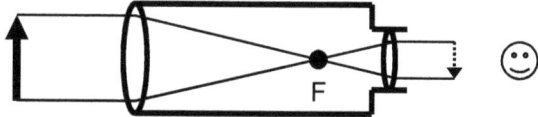

Die große Sammellinse (Objektiv) erzeugt vom weit entfernten Objekt ein wirklichkeitsgetreues, umgekehrtes Zwischenbild. Dieses wird durch die kleine Sammellinse (Okular), die wie eine Lupe wirkt, betrachtet. Dem Auge erscheint ein vergrößertes, virtuelles Bild. Bei terrestrischen Fernrohren wird dieses mit Hilfe von Umkehrprismen oder einer Zwischenlinse zwischen Objektiv und Okular aufgerichtet.

Kurz- und Weitsichtigkeit

Ist man weder kurz- noch weitsichtig, befindet sich der Brennpunkt beim menschlichen Auge in dessen Mitte, so dass ein scharfes, virtuelles Bild auf der Netzhaut entsteht.

Bei kurzsichtigen Menschen ist der Augapfel zu lang. Daher befindet sich das virtuelle Bild vor der Netzhaut, so dass man unscharf sieht. Die Korrektur erfolgt mit einer Streulinse.

Bei Weitsichtigkeit ist das Auge zu kurz. Dies hat zur Folge, dass das Abbild erst hinter der Netzhaut entstehen würde. Zur Korrektur nimmt man in diesem Fall eine Sammellinse.

9.2.4 Wellenlehre

Eine Welle ist ein Schwingungsvorgang, der sich von einem Wellenzentrum (schwingender Erreger) mit endlicher Geschwindigkeit in den Raum ausbreitet.

Grundformeln

Die *Phasengeschwindigkeit u* ist die Geschwindigkeit, mit der sich ein Schwingungszustand, beispielsweise der Berg oder das Tal der Welle, ausbreitet. Als *Wellenlänge* λ bezeichnet man den Abstand zwischen zwei benachbarten phasengleichen Schwingungszuständen.

Wellenlänge	
$\lambda = \dfrac{2\pi}{k}$	λ Wellenlänge π Kreiszahl (3,14159) k Wellenzahl
Einheit: Meter (m)	

Die *Schwingungsdauer T* ist die Zeit, in der sich die Welle um λ fortbewegt. T ist indirekt proportional zur Frequenz der Welle, also

$$T = \frac{1}{f}$$

Grundgleichung der Wellenlehre	
$u = \lambda \cdot f$	u Phasengeschwindigkeit λ Wellenlänge f Frequenz
Einheit: m/s	

Man unterscheidet zwischen verschiedenen Wellenarten:

▧ *Transversalwellen* (zum Beispiel bei Seilwellen): Bei einer Transversalwelle stehen Ausbreitungsrichtung und Auslenkung senkrecht aufeinander:

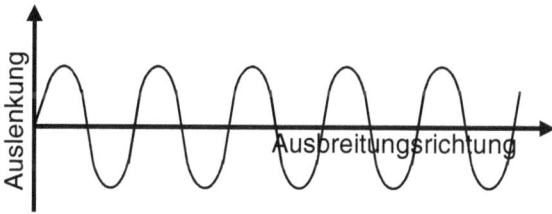

▧ *Longitudinalwellen* (zum Beispiel bei Schallwellen): Bei einer Longitudinalwelle verlaufen Ausbreitungsrichtung und Auslenkung parallel:

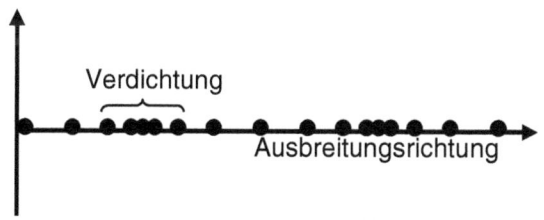

Interferenz

Interferenzen treten auf, wenn sich mehrere Wellen überlagen. Dabei werden die Auslenkungen der beteiligten Wellen an deren Überlagerungspunkten addiert. Treffen beispielsweise zwei Wellenberge aufeinander, entsteht ein noch höherer Berg. Wenn sich dagegen aber ein Wellenberg und ein Wellental überlagern, kommt es zur Auslöschung.

Stehende Welle

Bei Überlagerung zweier sich gegenläufig ausbreitender Wellen derselben Frequenz und Auslenkung kommt es zu einer *stehenden Welle*. Diese breitet sich nicht aus, sondern bildet ein räumlich konstantes Schwingungsmuster: An den sogenannten Bewegungsbäuchen schwingen sie mit der doppelten Auslenkung und der ursprünglichen Frequenz, an den dazwischenliegenden Bewegungsknoten ist die Amplitude immer Null. Diese Erscheinung ist ein Sonderfall der Interferenz. Sie tritt zum Beispiel vor einer reflektierenden Wand auf.

Polarisation

Mit einem *Polarisationsfilter* kann eine Welle so gefiltert werden, dass sich nur noch die Schwingungen einer bestimmten Achse, die senkrecht zur Ausbreitungsrichtung steht, fortsetzen werden. Eine solche Welle, die nur noch in eine Richtung auf- und abschwingt, bezeichnet man als linear polarisiert.

Doppler-Effekt

Wenn sich ein Beobachter relativ zum Wellenträger (also dem Medium, in dem sich die Welle ausbreitet) bewegt, so nimmt er eine veränderte Wellenlänge war. Nähern sich Sender und Beobachter räumlich an, nimmt letzterer eine höhere Frequenz wahr, als der Sender tatsächlich ausstrahlt. Entfernen sich hingegen Sender und Beobachter voneinander, dann verringert sich die wahrgenommene Frequenz. Diesen Effekt kann man beispielsweise bei einem Rennwagen feststellen: Nähert sich das Auto einem Zuschauer, dann klingt das Motorgeräusch höher, als wenn sich der Wagen wieder entfernt.

Huygenssches Prinzip

Das *Huygenssche Prinzip* besagt, dass jeder Punkt einer Wellenfront als Ausgangspunkt einer neuen Welle, der sog. Elementarwelle, betrachtet werden kann. Die neue Lage der Wellenfront ergibt sich durch Überlagerung sämtlicher Elementarwellen. Diese breiten sich im selben Medium im Vergleich zur ursprünglichen Welle mit gleicher Geschwindigkeit, aber unterschiedlicher Wellenlänge aus.

Beugung

Als *Beugung* bezeichnet man die "Ablenkung" von Wellen an einem Hindernis. Bei Beugungserscheinungen kann sich die Welle im geometrischen Schattenraum des Hindernisses (zum Beispiel Spalt, Gitter, usw.) ausbreiten.

9.2.5 Wärmelehre

Über Arbeit oder Wärme kann einem Körper Energie zugeführt werden, die in ihm als *Wärmeenergie* („Bewegungsenergie seiner Teilchen") gespeichert wird. Abhängig von ihrem Material erwärmen sich manche Körper schneller und manche langsamer. Gleiches gilt, wenn sie die gespeicherte Energie wieder abgeben. Diese Eigenschaft beschreibt die spezifische Wärmekapazität c:

Spezifische Wärmekapazität	
$$c = \frac{W_q}{m \cdot \Delta T}$$ Einheit: J / (kg·K)	c Spezifische Wärmekapaz. W_q Wärmearbeit m Masse ΔT Temperaturunterschied

Hat ein Körper im Vergleich zu seiner Umgebung eine höhere Temperatur, so strahlt er Wärme ab.

Der absolute Nullpunkt ist mit -273 ℃ beziehungswe ise 0 Kelvin die theoretisch tiefstmögliche Temperatur. In diesem Zustand besitzen die Teilchen eines Körpers keine Bewegungsenergie mehr.

Die Siedetemperatur von Wasser liegt unter Normalbedingungen bei 100 ℃. Allgemein ist sie abhängig vom Druck, d er die Flüssigkeit umgibt. Bei einem Schnellkochtopf macht man dies sich beispielsweise dadurch zu Nutze, dass sich in ihm der Druck um rund ein Bar erhöht und somit die Siedetemperatur des Wassers auf ungefähr 120 ℃ steigt.

Energie breitet sich in Körpern durch Stöße der Teilchen aus. Während sich die Teilchen in kälteren Bereichen langsamer bewegen, sind sie in wärmeren Bereichen schneller. Wenn ein warmer Bereich einen benachbarten kühleren Bereich aufwärmt, erfahren dessen Teilchen Stöße von Teilchen aus dem wärmeren Bereich. Dadurch nimmt die Geschwindigkeit der Teilchen im kühleren Bereich zu, wodurch dessen Temperatur ansteigt.

9.2.6 Radioaktivität

Radioaktivität bezeichnet die Eigenschaft instabiler Atomkerne, sich unter Energieabgabe spontan umzuwandeln. Die dabei freiwerdende Energie wird in Form von ionisierender Strahlung, nämlich energiereicher Teilchen oder Gammastrahlung, abgegeben.

Folgende Strahlenarten können auftreten:

Alphastrahlung: Bei Alphastrahlung handelt es sich um einen echten Teilchenstrom. Die Alphateilchen bestehen aus zwei Protonen und zwei Neutronen, also einem Heliumkern. Aufgrund ihrer positiven Ladung und der relativ großen Masse haben Alphateilchen nur eine sehr geringe Eindringungstiefe in Materie. Ein dickeres Blatt Papier oder einige Zentimeter Luft reichen bereits zur Abschirmung aus.

Betastrahlung: Die Elementarteilchen der Betastrahlung sind Elektronen oder Positronen, die mit hoher Energie aus dem Kern eines sich durch Zerfall verändernden Atoms ausgestoßen werden. Betastrahlen lassen sich beispielsweise durch einige Millimeter dickes Aluminiumblech abschirmen.

Gammastrahlung: Als Gammastrahlung bezeichnet man elektromagnetische Strahlung, die eine sehr kurze Wellenlänge besitzt (weniger als 0,5 nm). Die Strahlung besteht aus energiereichen Photonen, den sogenannten Gammaquanten. Im Gegensatz zu den ersten beiden Strahlungsarten lässt sich die Gammastrahlung daher nicht durch elektrische oder magnetische Felder ablenken. Zur Abschirmung wird äußerst massives Material, zum Beispiel eine Bleiplatte, benötigt.

Kosmische Strahlung: Die Kosmische Strahlung ist eine Teilchenstrahlung aus dem Weltall mit hoher Energie. Sie besteht größtenteils aus Protonen und wird durch die Atmosphäre stark abgeschwächt, so dass nur ein kleiner Teil an der Erdoberfläche ankommt.

Terrestrische Strahlung: Diese „irdische" Strahlung geht von den Böden und Gesteinen der Erdkruste aus, welche auch in jedem Baustoff enthalten sind und uns somit täglich umgeben. Diese Materialien enthalten oft geringe Spuren von Radium oder Uran, das die Strahlung aussendet.

Als *Halbwertszeit* wird in der Kernphysik diejenige Zeitspanne bezeichnet, die vergeht, bis sich die Menge der radioaktiven Kerne eines Radionuklids, also eines radioaktiv zerfallenden Elements, halbiert hat. Die nach einer Halbwertszeit verbliebene Menge eines Radionuklids halbiert sich im Lauf der folgenden Halbwertszeit erneut. Mathematisch betrachtet geht die Zersetzung einer Substanz gegen Null; der Zerfallsprozess setzt sich jedoch unendlich fort. Physikalisch endet der Zerfallsprozess mit Umwandlung des letzten Atoms.

Halbwertszeiten einiger Radionuklide:

Uran 238	4,47 Milliarden Jahre
Uran 235	704 Millionen Jahre
Plutonium 239	24.110 Jahre
Kohlenstoff	5.730 Jahre
Radium	1.602 Jahre
Plutonium 238	84,74 Jahre
Caesium	30,20 Jahre

SkyTest® Piloten-Assessment 2017

Nicht nur Fluglotsen durchlaufen anspruchsvolle Auswahlverfahren. Auch Verkehrspiloten müssen im Vorfeld ihrer fliegerischen Ausbildung oder vor einem Cockpitwechsel ihre operationellen und kognitiven Fähigkeiten sowie ihre soziale Kompetenz in Eignungstests unter Beweis stellen.

Verkehrspiloten und angehende Flugschüler stellen sich anspruchsvollen Auswahlverfahren. Da hilft es, Ziele, Methodik und Hintergründe der Piloten-Tests vorab zu kennen. *SkyTest®* *Piloten-Assessment 2017* macht Sie mit Aufbau, Ablauf und Inhalten der gängigen Verfahren zur fliegerischen Potenzialabklärung vertraut.

Dieses Buch betrachtet die Auswahlverfahren europäischer und internationaler Airlines und erklärt neben den computergestützten Leistungstests der frühen Verfahrensstufen auch die daran anknüpfenden eignungsdiagnostischen Methoden in der Auswahl von Cockpitpersonal. Die Autoren von *SkyTest®* *Piloten-Assessment 2017* verfügen über 15 Jahre Erfahrung in Theorie und Praxis.

Einige Airlines und Verfahren im Buch:
- DLR BU/GU und FQ/FU
- Lufthansa, Eurowings und Condor
- European Flight Academy (EFA)
- Air Berlin, DHL/EAT
- Swiss
- Naher Osten und UK
- Fliegerischer Dienst der Bundeswehr

Extras:
- Tipps für Ihre Bewerbung und Testvorbereitung
- Mathematische und physikalische Grundlagen als Formelsammlung

ISBN: 9783837069440

Weitere Informationen und Bestellmöglichkeit: **www.skytest.de**

SkyTest® Trainingssoftware für Fluglotsen

Ergänzen Sie Ihre Vorbereitung auf die Einstellungstests durch interaktives Training mit Softwareprodukten der *SkyTest*®-Serie. Die stets aktuelle, individuell einstellbare Software macht Sie mit den zur Anwendung kommenden Testverfahren vertraut und wertet Ihre Trainingsleistungen statistisch aus.

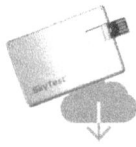

Zur Vorbereitung auf die Auswahlverfahren der **Deutschen Flugsicherung**, **Austro Control** und **Skyguide** gibt es eine eigens für angehende Fluglotsen entworfene Trainingssoftware. Diese enthält auch Übungsmodule für das von EUROCONTROL entwickelte **FEAST-Verfahren**.

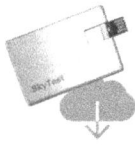

Eine interessante Alternative auf europäischer Ebene stellt die Bewerbung bei der britischen Flugsicherung **NATS** dar. Im Auswahlverfahren kommen sowohl der FEAST als auch unternehmenseigene Tests zum Einsatz. Mit dieser Software lernen Sie die entsprechenden Module beider Teile kennen.

Weitere Informationen und Bestellmöglichkeit: **www.skytest.de**

SkyTest® Airline-Interview

Lernen Sie Aufbau und Ablauf des psychologischen Abschlussgesprächs in Piloten- und Fluglotsen-Einstellungstests kennen. Das ebenfalls von den Autoren des vorliegenden Werks verfasste Handbuch stellt einerseits Struktur und Methodik dieses Diagnoseinstruments vor, andererseits die Durchführung des Interviews aus Sicht des Bewerbers.

Die Einstellungstests deutscher und europäischer Fluggesellschaften für Piloten sind modular aufgebaut. In den ersten Stufen der Auswahlverfahren werden Bewerber eingehend computergestützten Screenings zur Bestimmung ihrer operationellen und kognitiven Fähigkeiten unterzogen. Endgültig entscheidet aber erst ein eignungspsychologisches Interview gegen Ende des Auswahlverfahrens über die Annahme oder Ablehnung eines Aspiranten.

SkyTest® Airline-Interview stellt Ihnen Theorie und Methodik des Interviewansatzes in der modernen Eignungsdiagnostik für Piloten-Auswahlverfahren vor. Das Buch erklärt in kompakter Form und anhand vieler Beispiele sowohl die biographischen als auch die situativen Abschnitte des Interviews aus Sicht des Interviewers und aus Sicht des Bewerbers.

Das Interview ist auch ein Spiel gegen sich selbst. Eine an den Zielen des Interviews orientierte Auslegung von Fragen und die anschließende Entwicklung reflektierter Antworten sind einem Training zugänglich. *SkyTest® Airline-Interview* begleitet Ihre Vorbereitung auf diesen wichtigen Teil des Auswahlverfahrens mit praktischen Hinweisen; ein umfangreicher Katalog an Übungsfragen ermöglicht ihre unmittelbare Anwendung.

ISBN: 9783839181461

Weitere Informationen und Bestellmöglichkeit: **www.skytest.de**

SkyTest® Airline-Interview – Das Übungsbuch

Interviewfragen und -aufgaben aus der Praxis der Auswahlverfahren für Piloten und Fluglotsen

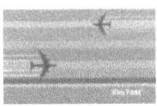

Die Einstellung von Piloten hat sich zu einem Prozess mit wissenschaftlicher Methodik entwickelt. Airlines stützen die Auswahl ihrer Piloten sowohl auf die fliegerische als auch die soziale Qualifikation der einzelnen Bewerber und sichern ihre Entscheidung mit Instrumenten der Eignungsdiagnostik ab.

Kognitive und operationelle Leistungstests stehen am Anfang der meisten Auswahlverfahren. Mit ihnen sollen vor allem die psychomotorischen Grundfertigkeiten überprüft werden, die Piloten in ihrem beruflichen Alltag benötigen. An die Leistungstests schließt ein eingehendes psychologisches Screening der Bewerber an, in dessen Mittelpunkt ein ausführliches Einzelinterview steht.

Airlines (und Passagiere) erwarten von Piloten absolute Zuverlässigkeit und Professionalität. Das Interview soll daher die Motivation eines Piloten feststellen und eine Prognose über sein wahrscheinliches Verhalten nach einer Einstellung treffen. Führungskompetenz in Teams, Kommunikationstalent und das Treffen von Entscheidungen sind nur drei Eigenschaften, auf die Airlines hohen Wert legen und die mit dem Interview untersucht werden.

In *SkyTest® Airline-Interview* haben wir die theoretischen Grundlagen der Interviews für Piloten und Fluglotsen vorgestellt. Für die praxisorientierte und individuelle Vorbereitung auf ein Interview bei einer Fluggesellschaft oder Flugsicherung haben wir das vorliegende *SkyTest® Airline-Interview – Das Übungsbuch* aufgelegt.

SkyTest® Airline-Interview – Das Übungsbuch führt Sie chronologisch durch die typischen Abschnitte eines Eignungsgesprächs bei einer Fluggesellschaft. Das Buch gibt Ihnen tieferen Einblick in regelmäßig gestellte Interviewfragen. Eine Vielzahl von Beispielen und Übungen soll Ihnen helfen, im späteren Interview ebenso spontan wie souverän zu antworten.

ISBN: 9783848202119

Weitere Informationen und Bestellmöglichkeit: www.skytest.de

Lightning Source UK Ltd.
Milton Keynes UK
UKHW01f1823070918

328516UK00014B/1224/P